# O PODER INFINITO DA SUA MENTE 1

Revisado e Atualizado
2022

Copyrigt by Lauro Trevisan
O Poder Infinito da Sua Mente 1
**Revisado e atualizado**
Capa: Andrey Lamberty
Direitos reservados: Pode copiar textos isolados, desde que cite o autor.

| T814p | Trevisan Lauro |
|---|---|
| | O poder infinito da sua mente 1 / Lauro Trevisan – revisado e atualizado - Santa Maria : Editora da Mente, 2022 |
| | 184 p. |
| | 978-85-7151-005-0 |
| | 1. Poder da Mente  2. Psicologia  3. Motivação  4. Espiritualidade  I. Título |
| | CDU 159.962.7 |

Ficha Catalográfica elaborada por Eunice de Olivera – CRB 0/1491

Editora e Distribuidora da Mente
Rua Tuiuti, 1677 – cep: 97015-663
Santa Maria, RS, Brasil
Fone: (0xx55) 3223.0202 - whatsapp:(0xx55) 999325006
E-mail: mente@editoradamente.com.br
Autor: laurotr@uol.com.br
Site:www.editoradamente.com.br
Site do Autor: www.laurotrevisan.com.br
Rede social: www.facebook.com/lauro.trevisan.35

Lauro Trevisan

# O PODER INFINITO DA SUA MENTE 1

## Revisado e Atualizado

527ª edição

Santa Maria – RS - Brasil
Editora da Mente
2022

*************************************

**H**á certos fenômenos no mundo que parecem conduzidos por uma Força estranha e superior.

**E**ste livro, por exemplo, tem algo de especial, não só por sua tiragem de 1.400.000 exemplares, desde seu lançamento, em 1980, mas também pelo número imenso de pessoas que, através de sua leitura, curaram suas doenças, sobrepujaram fracassos, tornaram-se vitoriosas e prósperas, alcançaram ótimo casamento e conseguiram a realização total de suas mentalizações grandiosas.

**L**ançado numa época de muitas contestações, o livro foi crescendo sempre mais em número de leitores e de pessoas beneficiadas, cujo volume de depoimentos continua a aumentar a cada dia.

*************************************

✶✶✶✶✶✶✶✶✶✶✶✶✶✶✶✶✶✶✶✶✶✶✶✶✶✶✶✶

*As* descrenças e oposições que se baseavam na pequenez do ser humano e na incapacidade de realizar-se na vida já foram superadas pela descoberta de que o pensamento firmado na fé é a força motriz que conduz à autorrealização.

*Tenha* a certeza de que a leitura dessa obra engrandecerá sua dimensão humana, lhe dará forte estrutura psicológica, fé nos seus sonhos, e fará o sol do otimismo brilhar no seu coração.

*Neste* momento, só estamos pensando em você, que tomou o livro nas mãos, pois temos certeza de que também se ligará nessa Força Divina, que tornará sua vida melhor e melhor em todos os sentidos.

✶✶✶✶✶✶✶✶✶✶✶✶✶✶✶✶✶✶✶✶✶✶✶✶✶✶✶✶

# COMEÇANDO A GRANDE BUSCA

*E ser-lhe-á dado conhecer
o segredo que vai transformar
seus sonhos em realidade.*

*V*ocê está de parabéns. O fato de tomar este livro para ler revela a sua alta sensibilidade e a sua fina inteligência. No fundo da sua mente, você acredita que deve existir realmente o reino dos céus e que é possível atingi-lo aqui nesta vida.

Felizmente, você parou para pensar que a vida seria um absurdo se nos abrisse as portas da imaginação e dos desejos e, depois, não pudesse atender as promessas de felicidade, de paz, de amor, de riqueza, de bem-estar, de harmonia, de segurança, de alegria e de saúde. Se assim fosse, Deus seria incoerente.

A partir deste momento, você está começando uma viagem fascinante e vai entrar na aventura mais fantástica da sua vida: a descoberta de um novo mundo, o mundo dos seus sonhos.

E ser-lhe-á dado conhecer o segredo que vai transformar os seus sonhos em realidade.

Decida agora mesmo mandar para longe as suas frustrações, os seus desencantos, as suas misérias e doenças, porque, finalmente, você tomará posse de um mundo delicioso, onde recolherá, a qualquer hora, o doce maná abençoado de todas as boas coisas da vida.

Desde já, lance para o ar o seu grito de liberdade.

Daqui para frente, a vida estará diante de você de mãos abertas a lhe oferecer, prodigamente, tudo o que deseja de bom.

## A CHAVE DO SEGREDO

Onde está o paraíso perdido? Em que região fica o reino dos céus? Qual é o caminho que leva à Cidade Encantada das Mil e Uma Noites? Em que lugar se localiza a fonte da eterna juventude? Onde se pode adquirir o elixir da longa vida? Como chegar ao cobiçadíssimo Eldorado? Onde se encontra a fonte do perene amor?

A imaginação popular e a inteligência criadora inventaram esses mundos e esses estados de vida, frutos das grandes aspirações do ser humano.

Inventaram?

Não. Eles existem. Sim, eles existem.

Você mesmo será o grande conquistador do reino dos céus; da cidade encantada das Mil e Uma Noites; você mesmo encontrará a fonte da eterna juventude; você mesmo beberá o elixir da longa vida; sim, você mesmo será o grande aventureiro que tomará posse do paraíso perdido.

Jogue o boné para o ar e festeje esta data. Agora você está se tornando o herói todo-poderoso da sua própria vida.

Claro, sei que já está ansioso por tomar nas mãos a chave, o mapa e o segredo.

Muito bem. Comece, então, a ler este livro e prepare-se para os maravilhosos acontecimentos que sucederão na sua vida.

# CAPÍTULO I

# DESCUBRA AS MARAVILHAS DA SUA MENTE

> *"Em qualquer direção que percorras a alma, nunca tropeçarás em seus limites".*
> Sócrates

*M*uitas vezes você deve ter-se perguntado: por que algumas pessoas são felizes e outras desgraçadas? Por que alguns têm sucesso na vida e outros vivem e morrem marginalizados?

Olhe ao seu redor e verá pessoas que começaram como simples empregados e hoje estão lá em cima, e verá pessoas que nunca saíram do mesmo lugar; verá pessoas que casaram e são felizes, e verá pessoas cujo casamento se desintegrou, não sobrando pedra sobre pedra. Continue olhando e verá pessoas que conseguiram curar-se de doenças tidas como incuráveis, e pessoas que nada puderam contra a doença.

Talvez você faça parte desse exército incalculável de pessoas que sofrem de insônia e só vão pegar no sono de madrugada à força de soníferos, quando existem tantos outros indivíduos que, basta caírem na cama, e já estão dormindo na doce paz de um saudável sono.

Você já se perguntou por que existem pessoas alegres e despreocupadas, quando milhões de outras são deprimidas e atormentadas por neuroses e medos?

Muitos já dividiram o mundo em duas partes: as pessoas de sorte e as pessoas de azar.

Será que vivemos sob o fluxo e refluxo do imprevisível?

Será que teremos que dizer, como Shakespeare, que "há mais mistérios neste mundo do que a nossa vã filosofia pode imaginar?"

Foi para abrir a sua mente que escrevi este livro. Finalmente, aqui você descobrirá o seu verdadeiro destino.

Agora você começa a levantar o véu do mistério e do desconhecido; agora você vai encontrar o caminho dos seus sonhos.

Não importa o estado atual em que você se encontra. Não importa se você é pobre ou doente ou fracassado. Você pode, desde logo, começar a abrir as mãos para receber todas as dádivas da vida.

Seria injusto supor que só uma pequena classe de privilegiados pudesse ter acesso aos arcanos da sorte e das boas coisas da vida, enquanto que o resto teria que se contentar com as migalhas.

Seria também ridículo admitir que as riquezas do universo sejam limitadas, de tal sorte que, se uns tiverem bastante, outros terão pouco.

Você sempre desejou ter uma vida repleta de felicidade, de amor, de paz, de saúde, de bem-estar econômico. Se não o conseguiu, alguma coisa deve estar errada em você.

O que é?

Sei que já culpou a falta de sorte, a falta de oportunidades; sei que já culpou os pais, o governo, a vida, o mundo, o diabo, as bruxarias, os despachos, sei lá o que mais.

Mas, comece a pensar desde já: será que a culpa está fora ou dentro de si?

## SE OS OUTROS PUDERAM VOCÊ TAMBÉM PODE

Lembre-se que tudo o que é pensável é realizável. Tudo o que uma pessoa pode desejar, pode conseguir. Inclusive você. Se os outros puderam, você também pode, porque as leis do universo, do qual você faz parte, são justas, corretas, indiscriminatórias e infalíveis.

Aquelas pessoas que alcançaram enorme sucesso na vida, aquelas pessoas que realizaram maravilhas, aquelas pessoas que obtiveram verdadeiros milagres, se tivessem usado a mente da forma errônea como você a usou, não seriam agora mais do que você.

Um dia um senhor veio se queixar comigo de que sua vida estava na pior. Tudo dava errado.

Perguntei-lhe o que estava fazendo para melhorar a vida e qual era a sua meta desejada, bem como aonde pretendia chegar.

Ele não soube me dizer. Não sabia o que queria. E se queixava.

Se você toma um táxi e não diz ao motorista para onde deseja ir, ele não poderá levá-lo a lugar algum, não é mesmo?

Os outros puderam porque sabiam o que queriam.

Saiba o que você quer e aqui aprenderá a usar os meios infalíveis e fáceis para chegar lá.

Você vai aprender a usar o poder infinito de sua mente, poder este que lhe alcançará tudo aquilo que deseja.

Não importa se você é culto ou não, se é pobre ou não, se é inteligente ou não, se você tem dinheiro ou não, se você tem saúde ou não.

Seja você quem for, esteja onde estiver, há dentro de si uma bomba atômica de força irresistível. Quando você descobrir o lugar do estopim, BUUUUUUMMMMMMM! conseguirá estourar a sua bomba e a sua vida se modificará de forma incrível.

## O PENSAMENTO É O ESTOPIM DO SUBCONSCIENTE

Quando perguntaram, num programa de televisão, ao escritor Nelson Rodrigues o que pensava sobre a morte, ele citou alguém que teria dito que a "morte é a coisa mais triste", e acrescentou: "Não, a morte não é triste, triste é a vida". Esta é mais uma das milhares de definições que você encontrará sobre a vida. Na maioria, negativas. Na verdade, cada pessoa tem uma definição própria para a vida. E esta definição parte apenas de um ponto de vista: o pensamento e as crenças de cada um.

Se a vida se apresenta ao seu pensamento como algo agradável, cheio de belas surpresas, você dirá que a vida é boa. Se pensa que a vida, para ser boa deve lhe trazer certo benefício que não conseguiu alcançar, você dirá que ela é uma frustração. Se você só enxerga os outros subindo e você descendo, afirmará que a vida é uma injustiça cruel. Se acorda sempre disposto, saudável, confiante na sua boa estrela, dirá que a vida é uma irradiação de felicidade. Se você vive um grande amor, dirá que a vida é amor. Se consegue chegar aonde deseja, para você a vida é um sucesso permanente.

Veja você, a vida é uma projeção da sua mente. Mais do que isso: a sua vida é o resultado dos seus pensamentos.

Ralph Waldo Emerson, pensador e escritor norte-americano, disse que o homem é aquilo que pensa o dia inteiro.

Todo pensamento emocionalizado, reforçado pelo sentimento, transforma-se em realidade física.

James Allen afirmou, com toda razão: "Tudo quanto o homem consegue e tudo quanto deixa de conseguir é resultado direto dos seus próprios pensamentos".

## O SEMELHANTE ATRAI O SEMELHANTE

Há uma lei mental que é assim enunciada: "O semelhante atrai o semelhante", ou, em outras palavras, o igual atrai o igual. Isto quer dizer que o pensamento atrai a realidade do seu conteúdo. A partir desta verdade, você estará se dando conta de que pensamentos de fracasso atraem o fracasso, pensamentos de sucesso atraem o sucesso, pensamentos de amor atraem o amor, pensamentos de ciúme atraem o conteúdo do ciúme, pensamentos de alegria atraem a alegria, pensamentos de tristeza atraem a tristeza, assim por diante. O pensamento é uma realidade mental que atrai a realidade física.

Já, há milhares de anos, o profeta David, pai do sábio Salomão, afirmava: abyssus abyssum invocat, ou seja, o abismo atrai o abismo.

Os seus pensamentos, portanto, fazem a sua vida. A sua

vida é a materialização, ou a expressão, dos seus pensamentos constantes. E o futuro será a colheita dos pensamentos semeados na mente hoje. Você, pois, está determinando agora o que será mais tarde. Todo efeito tem a sua causa, como ensinava o grande sábio Jesus Cristo: "Toda árvore boa produz bons frutos, toda árvore má produz maus frutos". É a Lei da natureza coincidindo com a Lei da mente: cada um colhe o que semeia.

Não existe acaso, má sorte, azar; é a soma dos seus pensamentos diários que leva você a esses resultados.

O melhor time nunca perde o campeonato. Pode sofrer algum revés, que somente contribuirá para aprimorar mais ainda a técnica, mas ninguém lhe tirará das mãos o resultado final almejado.

Um dia, veio visitar-me um senhor, bastante desanimado. Dizia-me que, por mais que desejasse progredir, não conseguia. Duas vezes já fracassara e as coisas não davam certo para ele.

- É uma coisa que eu não entendo – se queixava ele. – Tem um sujeito pertinho da minha casa que botou uma lojinha qualquer e agora está lá em cima. É um espertalhão, um aproveitador. Não sei como é que ele progride e eu não. Eu já estou com medo de fracassar mais uma vez no meu negócio.

- Você vai mal pelo poder da sua mente – disse-lhe eu.

O homem se espantou, e aí mesmo é que não entendeu mais nada.

Simples. Quais eram os pensamentos dominantes nele? Pensamentos de fracasso, de medo e de inveja do vizinho. Esses pensamentos, tão fortemente emocionalizados e repetidos, estavam se tornando realidade.

Lembre-se: pensamentos de fracasso atraem o fracasso, pensamentos de medo atraem o resultado correspondente, pensamentos de inveja prejudicam o invejoso. Era o poder da mente atuando com perfeição nele. Os pensamentos positivos que esse senhor tinha eram totalmente envolvidos pela avalanche dos pensamentos negativos. O resultado não poderia ser diferente.

Shakespeare escreveu, na sua tragédia Hamlet, ato II, cena 2, uma frase espantosamente profunda: "O bem e o mal não existem, o pensamento é que os cria".

## PENSE GRANDE, SEJA GRANDE

Agora você está começando a vislumbrar o caminho do sucesso. Quem sabe, até aqui você vivia procurando as razões do sucesso e do fracasso fora de você. Talvez estivesse fazendo até agora exatamente como tantos amigos, conhecidos e vizinhos seus, que atribuem os problemas às difíceis contingências da vida, ou à falta de sorte, ou à incompetência do governo, ou, mesmo, à crise mundial provocada pelo petróleo. Mas, nunca se esqueça de que, mesmo durante a última guerra mundial, muitos homens continuaram enriquecendo; nunca esqueça que, mesmo agora durante as crises que você acha que estão barrando seu sucesso financeiro, muitos continuam enriquecendo.

Vamos, comece a pensar grande. Saia fora dessa enleada negativa, que o amarra a estreitos limites.

Engate seu vagão numa estrela. Suba alto. Pense grande. Acredite que o sucesso é seu parceiro inseparável. Mantenha seus pensamentos acesos pelo entusiasmo e ligados nas boas coisas da vida. Siga em frente, com a certeza de que, a cada dia, está progredindo sempre mais e mais. Não importa de onde você esteja começando. O que importa é o padrão de imagem que você criou na sua mente aqui e agora.

Grandes homens começaram como você, mas se tornaram grandes porque alimentaram permanentemente grandes pensamentos, grandes metas. Alexandre Magno e Napoleão Bonaparte idealizaram grandes conquistas; as obras imortais de Shakespeare são fruto do seu pensamento; Benjamin Franklin imaginou a captura do raio através da eletricidade para provar que a eletricidade e o raio têm a mesma força; foi o pensamento persistente de Santos Dumont que gerou o invento do aeroplano, ou seja, de uma nave que, embora mais pesada do que o ar, pudesse voar. Thomas Alva Edison descobriu a utilização da eletricidade e inventou a lâmpada, o cinema, o fonógrafo, o trem elétrico e centenas de outros inventos. Posso continuar citando grandes homens, como César, Beethoven, Marconi, padre Landel de Moura, Kennedy, Von Braun, Einstein, Tomás de Aquino, Descartes, Freud, Sócrates, Aristóteles, João XXIII, tantos outros. Posso citar, ainda, Nero, Hitler, Stalin, e outros que usaram negativamente a sua força mental. Todos eles, através do pensamento persistente e forte, formaram um quadro mental do que desejavam e, com o tempo, o que desejavam tornou-se realidade.

Você também tem uma bomba atômica na sua mente. Poderá deixá-la adormecida para sempre; poderá fazê-la explodir, destruindo e destruindo-se; ou, então, poderá usá-la como usina propulsora dos seus ideais e dos seus desejos saudáveis.

## ESTÁ NA HORA DE CONHECER-SE A SI MESMO

Dizem os entendidos que o homem de hoje não utiliza mais do que cinco por cento de sua capacidade mental. Veja bem, não é engano, apenas cinco por cento, se tanto. É como se tivesse um caminhão de dez toneladas e passasse a vida inteira carregando apenas quinhentos quilos de carga.

Apesar de existir há milhões de anos, no que tange ao uso da mente, o homem está ainda na era da pedra lascada. É por isso que vivemos num "vale de lágrimas" e dizemos que a vida é uma luta insana e dura.

Fala-se que o nosso cérebro tem cerca de cem bilhões de células eletromagnéticas e que, por enquanto, sabe-se a função de apenas vinte por cento dessas células, ou seja, cerca de vinte bilhões de células.

Que acontecerá quando o homem começar a usar o restante ainda adormecido do cérebro?

Hoje você começará a aumentar o seu potencial mental. Alegre-se, portanto, que um novo dia está raiando para você. Eia, viva!

Infelizmente, até agora, apenas uma minoria consegue alcançar tudo aquilo que deseja e, assim, desfrutar uma vida plena de paz, de sucesso, de felicidade e de saúde física e mental. Parece, até, que, à medida que o progresso evolui, a humanidade passa a enfrentar maior número de problemas, o que é um paradoxo. Isto significa que o homem não descobriu, através dos séculos, o seu próprio caminho. Ele avançou para as alturas infindáveis dos céus, desceu para as profundezas da terra, buscou o fundo dos oceanos, explorou os extremos polares, seguiu para o norte, para o sul, para o leste, para o oeste, inventou milhões de objetos de grande utilidade, encurtou distâncias, mas ele mesmo, o HOMEM, continua sentindo-se insatisfeito, doente, alterado, instável, frustrado. Não é por nada que Sartre e a filosofia existencialista dizem que o homem é um projeto inacabado.

Num trabalho de filosofia para o segundo semestre de 1979, eu tomei a afirmação existencialista de que a vida é um fazer-se imprevisível e incontrolável, e a contestei. Contestei porque, a ser verdade essa assertiva, chegaríamos à conclusão de que a vida é um absurdo.

À certa altura do meu trabalho, escrevi:

"Se a vida é imprevisível, se não pode ser determinada por mim, neste caso eu não sou a minha vida; a minha vida vai se fazendo alheia a mim, alheia às exigências do meu ser, alheia ao meu querer, ou seja, totalmente descomandada, como barco à deriva.

Se a vida é incontrolável, é injusta. Injusta porque a uns os faz ricos e a outros miseráveis; a uns os faz inteligentes, a outros atrasados mentalmente; a uns é pródiga em benefícios, a outros é madrasta; a uns abençoa, a outros amaldiçoa; a uns cumula de bens, a outros lhes tira tudo; a uns oferece um corpo sadio, a outros toda espécie de doenças; a uns permite a cura de suas enfermidades, até mesmo gravíssimas e humanamente irreversíveis, a outros abandona-os à morte; a uns enche de sapatos, a outros lhes corta as pernas.

Se a vida é imprevisível, torna-se uma frustração. Frustração porque cria nas pessoas os desejos e não os satisfaz.

Se a vida é uma irrealização humana, não passa de uma incompetência total, porquanto gera aspirações no indivíduo e não as pode cumprir.

Mas, a vida não é imprevisível, nem incontrolável e nem

irrealizável, porque existe, esparso pelo mundo, tudo o que o ser humano deseja para entrar em estado de felicidade e de plenificação.

Se nós pudéssemos reunir, numa só pessoa, todas as boas coisas que ocorrem, em separado, nos indivíduos de todo o mundo, por certo a soma de todos esses atributos seria a satisfação e plenificação de todos os desejos possíveis ao ser humano. Se reuníssemos numa pessoa a sabedoria dos sábios, a riqueza dos ricos, a felicidade dos felizes, o amor dos que amam plenamente, a paz dos que estão em paz, a harmonia dos harmoniosos, a saúde dos saudáveis, a honestidade dos honestos, a liberdade dos livres, o poder dos poderosos, o conforto dos que vivem em habitações luxuosas e confortáveis, a simplicidade dos simples, a confiança dos autoconfiantes, a calma dos calmos, a energia dos cheios de energia, a certeza dos seguros de si, a limpeza mental dos mentalmente limpos, o positivismo dos positivos, o otimismo dos otimistas, a clarividência dos clarividentes, a fé dos confiantes, a facilidade de ir e vir dos que podem estar onde quiserem, o prazer perene dos melhores momentos de prazer – então, não seria exagero dizer que essa pessoa é feliz. Essa pessoa teria fechado o abismo existente entre a sua realidade atual e os seus anseios. Pois bem, se esses atributos existem esparsos pelo mundo significa que são possíveis de existir numa só pessoa, porquanto tudo o que um ser humano pode, todos os outros podem".

## DESCUBRA O CAMINHO DA SUA FELICIDADE

Não, não é utopia. Existe um caminho seguro pelo qual você pode chegar ao paraíso perdido.
- Em verdade te digo que ainda hoje estarás comigo no paraíso.
Essas palavras do Mestre já estão valendo agora para você.
Existem no interior da criatura humana riquezas imensas, mais grandiosas do que todas as riquezas do universo. No mundo insondável do subconsciente está a mina inesgotável, que contém a satisfação de tudo o que o homem sonha e deseja para si.

Já dizia Sócrates, famoso filósofo grego, que viveu quatrocentos anos antes de Cristo:

"Em qualquer direção que percorras a alma, nunca tropeçarás nos seus limites".

Felizmente, muitos cientistas já arregaçaram as mangas e estamos no limiar de uma nova era.

O homem é o rei da criação, portanto foi feito para ter completo domínio sobre a natureza, sobre os animais, sobre as águas, sobre a terra, sobre as plantas.

Muito se tem falado, também, que o homem é imagem e semelhança de Deus e, consequentemente, em seu espírito – que é parte do Espírito Infinito, do qual procede – residem o poder infinito e a sabedoria infinita.

Paulo de Tarso, quando chegou pela primeira vez em Atenas, na Grécia, foi falar ao povo na tribuna do areópago. No meio do seu discurso, feito sobre o Deus Desconhecido, ele disse: "Pois nele vivemos, nos movemos, e existimos. A propósito, disseram também alguns dos vossos poetas: Somos da sua estirpe".

Veja bem, se somos da estirpe de Deus, em nosso interior existe uma energia divina que, quando utilizada, nos eleva a um nível de perfeição física, mental, material, emocional e espiritual.

- Mas, que energia é esta? – perguntará você.

Um dia, perguntaram a Thomas Alva Edison, o inventor da lâmpada elétrica, o que era a eletricidade. Edison respondeu que a eletricidade não se explica, se usa.

O Poder Infinito, que existe dentro de você, não se explica; se usa. Use-o em seu benefício, em benefício dos seus e em benefício de toda a humanidade.

O que lhe interessa saber não é o que é o Poder Infinito, mas como você pode usá-lo. Quando eu comprei um carro, não me interessei em saber o que era o motor, mas como eu poderia usar e dirigir o carro.

## VOCÊ É O RESULTADO DA SUA MENTE

Você é o que for a sua mente. A Mente age, gerando em si mesma um estado de paz ou de agitação, de alegria ou de tristeza, de amor ou de ódio, de riqueza ou de pobreza, de sucesso ou de fracasso - e o corpo reage gerando bem-estar ou doenças, de acordo com o conteúdo que a mente lhe envia.

O homem é a sua mente. O corpo é a manifestação da mente. A estrutura humana é expressão da mente.

Quando a mente se deteriora, o corpo se deteriora; quando a mente deixa o corpo, a energia corpórea se transforma em outros tipos de energia.

O corpo, portanto, é resultado da mente.

Como a mente é controlável, a saúde e a doença podem ser controláveis.

A mente em estado de perfeita ordem e harmonia gera um corpo em perfeita ordem e harmonia, ou seja, em estado de saúde.

Por outro lado, a mente é o agente de todos os estados intelectuais, emocionais, sensoriais, extrassensoriais e espirituais.

## COMO FUNCIONA A SUA MENTE

A mente é uma só, mas tem duas funções ou características: mente consciente e mente subconsciente.

A mente consciente é a mente racional, objetiva; é a mente que pensa, analisa, raciocina, deduz, tira conclusões, seleciona, censura, dá ordens, determina, imagina; é a mente servida pelos sentidos; é a mente em estado de vigília e responsável pelo que você é.

A mente subconsciente é a mente subjetiva, impessoal, não seletiva, cujo papel é cumprir as ordens que recebe da mente consciente através do pensamento. Tudo o que a mente consciente aceita como verdadeiro, a mente subconsciente também aceita e realiza.

Nas profundezas do subconsciente residem o poder infinito, a sabedoria infinita, a saúde infinita, enfim todos os atributos divinos.

A mente consciente age e a mente subconsciente reage de acordo.

William James, pai da moderna psicologia americana, disse que o poder de mover o mundo está no subconsciente.

O que você grava na mente subconsciente, esta moverá céus e terras para tornar realidade física.

O subconsciente é, também, o construtor do corpo e mantém todas as suas funções vitais. Trabalha sempre, noite e dia, tentando ajudá-lo e buscando preservá-lo de qualquer dano.

Pode-se dizer que a mente subconsciente é universal ou cósmica, por isso você abrange todo o universo dentro de si.

Foi Sócrates quem disse que quando levantamos um dedo estamos afetando a estrela mais distante.

A mente subconsciente pode ter muitos nomes, uma vez que ela é íntima com o espírito e o espírito é infinito.

Jesus dizia: Eu e o Pai somos UM. Havia absoluta interação entre a sua mente consciente e subconsciente, daí o Poder Infinito do Mestre, capaz de realizar milagres a qualquer momento.

Outras pessoas falam em Eu Superior, em Mente Cósmica, em Presença Infinita, em Poder Infinito, em Energia, Vida, assim por diante. Qualquer nome que você dê, será um nome limitado, pois você nunca abrangerá toda a extensão da sua mente, porquanto chega a um ponto em que ela se confunde com a própria divindade.

A mente subconsciente tem força infinita, capaz de realizar todos os seus desejos, mas nunca age por conta; ela age, de modo todo especial, determinada pelo pensamento.

O pensamento dá a ordem e o subconsciente cumpre. Por isso, você é o resultado dos seus pensamentos.

Pronto, agora você desvendou o mistério. Agora você tem as chaves do reino dos céus. Como dizia Jesus Cristo:

"O reino de Deus
está dentro
de vós mesmos".

## FAÇA OS SEUS SONHOS TORNAREM-SE REALIDADE

Certa manhã de verão, eu percorria as praias ensolaradas de Torres, no Rio Grande do Sul, quando, de repente, deparei com esta frase escrita na areia:

"Se não puderes fazer a tua vida conforme teus sonhos, faças da tua vida um sonho".

Em outras palavras, se não puder fazer dos sonhos uma realidade, faça da realidade um sonho.

Sem dúvida, uma frase poética, bonita, filosófica. Mas, não totalmente verdadeira, porque, quem conhece o poder da mente, sabe que todo sonho pode tornar-se realidade.

Tudo o que é pensável é realizável. Inclusive seus sonhos.

Você mesmo teve sonhos, em outros tempos, que lhe pareciam inatingíveis, mas que hoje são realidade na sua vida.

Há tempos esteve conversando comigo um senhor, que me contou o seguinte:

- Poucos anos atrás eu estava sentado na Praça Saldanha Marinho, de Santa Maria, contemplando os edifícios de apartamentos, que estavam diante de mim. Então eu disse, convicto, para mim: "Um dia eu terei um desses apartamentos". Hoje eu tenho um daqueles apartamentos. Naquele tempo me parecia um sonho quase impossível, porque minha situação financeira era minguada.

Há poucos meses, uma jovem, amiga minha, confessou-me que desejava muito ter um carro, mas não tinha condições para comprá-lo.

- Se você quer, pode adquiri-lo. Mentalize o seu carro.
- Mas, como é que vou pagar?
- O que você tem a fazer é mentalizá-lo com fé, com a certeza de que já possui o carro. Veja-o diante de sua casa, sinta-se dirigindo o carro. O resto deixe para a sabedoria do seu subconsciente. Ele sabe como você pode conseguir o seu carro.

A jovem começou a mentalizar o carro de noite, de manhã e algumas vezes por dia.

Cerca de três meses depois, precisamente no dia do seu

aniversário, seu pai lhe deu um automóvel, e eu mesmo vi quando o carro foi entregue para ela, pouco antes do jantar que ela ofereceu aos amigos, em sua casa. O pai deu a entrada para a compra do carro e paga a metade das prestações, ficando para ela uma parte das prestações que podia pagar tranquilamente.

Quantos homens, detentores de verdadeiros impérios, começaram de forma discreta e modesta, mas sonhando alto. Hoje eles contemplam com entusiasmo a materialização dos seus sonhos.

Eu tinha comigo um volume da enciclopédia "O Tesouro da Juventude". Era um livro velho, que até nem sei como veio parar às minhas mãos. Eu o guardei porque ele provava, por uma série de argumentos científicos, que era impossível ao homem chegar à lua. Quando eu li essa página, o homem já tinha posto os pés na lua. Tudo o que é sonhável, é realizável.

Certo dia, Henry Ford imaginou seu famoso motor V-8. Queria construir um motor com oito cilindros num só bloco. Mandou seus engenheiros fazerem um projeto da nova máquina. Os engenheiros foram taxativos em dizer que era impossível um motor de oito cilindros numa só peça.

- Façam-no de qualquer maneira – mandou Ford.
- Mas é impossível – retrucaram os engenheiros.
- Continuem o trabalho e sigam em frente até conseguirem, não importa quanto tempo levem.

O velho ordenara e os engenheiros não tiveram outra alternativa senão darem-se ao trabalho, porém incrédulos e sem muito entusiasmo. Passaram todo o ano em cima do projeto e nada aconteceu. Todas as experiências falharam.

Passado o ano, Ford reuniu os engenheiros para ver os resultados e nada de positivo puderam oferecer-lhe.

- Vão em frente – insistiu Ford. – Quero-o e obterei.

Finalmente, depois de mais alguns insucessos, quase por acaso o segredo foi descoberto e surgiu o conhecido Ford V-8.

Foi da imaginação das pessoas visionárias e sonhadoras que surgiram tantas invenções, como a lâmpada elétrica, o rádio, o cinema, o avião, as usinas atômicas, as cápsulas espaciais, as máquinas industriais, a internet, o celular e tantos equipamentos de alta tecnologia.

Marconi sonhou com um sistema que pudesse utilizar o éter. Seu sonho tornou-se realidade e está aí materializado em cada aparelho de rádio e televisão. E é bom lembrar que, quando Marconi anunciou que tinha descoberto o princípio do qual poderia enviar mensagens pelo ar, sem auxílio de fios ou de qualquer outro meio físico de comunicação, alguns de seus "amigos" o forçaram a internar-se num hospital psiquiátrico para exames mentais. É o que contam.

Você deve entender, no entanto, que não é um simples anseio, vago e impreciso, que vai ter força capaz de tornar-se realidade física.

É necessário criar forte convicção e não apenas alguma esperança.

Se você tem convicção, sua ideia surgirá, a cada instante, eletromagnetizada e essa força emocional sensibilizará o subconsciente, fazendo-o agir na concretização desse desejo.

Saiba, no entanto, que não se exige maior esforço para um alto objetivo na vida do que para manter-se em estado de miséria e de pobreza.

O sucesso chega para aqueles que têm certeza do sucesso, e, consequentemente, caminham na direção dele.

Nunca diga que algo é impossível.

Todo desejo reforçado pela fé torna-se realidade física.

## SAIBA COMO ALCANÇAR O QUE DESEJA

A coisa que mais espanta as pessoas é ouvirem que elas têm o poder de alcançar tudo o que desejarem.

Certo dia, eu vinha voltando da universidade, de carro, e trazia comigo algumas colegas do curso de pós-graduação em Filosofia. Como eu lhes falava sobre a vida, dizendo que a vida é uma festa, que a vida está aí de braços abertos para acolher-nos carinhosamente e nos oferecer todas as dádivas, uma colega atalhou-me:

- Lauro, você vive no mundo dos sonhos.
- É verdade – respondi-lhe de imediato – vivo no mundo dos sonhos porque eu sei que todo sonho se torna realidade. Todo sonho já é uma realidade mental que caminha a passos largos para a realidade física.

Ela só abanou a cabeça e ficou concentrada nos seus próprios pensamentos.

Num outro livro que comecei a escrever sobre o poder da mente, eu me refiro àquela história de Ali Babá e os Quarenta Ladrões.

Havia uma caverna de tesouros, num lugar escondido e misterioso.

Quando Ali chegava na caverna, bastava dizer "Abre-te Sésamo" e o portal se abria deixando o jovem mágico diante dos tesouros mais deslumbrantes do mundo.

Era uma fortuna incalculável e inesgotável à sua disposição, e ele podia apanhar a quantidade que quisesse, o valor que quisesse, quando quisesse e como quisesse.

A caverna misteriosa era a fonte inexaurível de suprimentos de Ali Babá. Nunca mais passou necessidades, porque sabia onde abastecer-se e como fazê-lo.

Mas, por outro lado, o jovem sabia que de nada adiantaria ficar um ano inteiro a berrar diante da caverna palavras sem sentido. A porta não se abriria.

Sabia, ainda, que não lhe adiantava dizer "Abre-te Sésamo" e ficar a dez quilômetros de distância da caverna.

Bastava, no entanto, cumprir corretamente o ritual e teria nas mãos tudo o que desejasse.

Também, para você, não adianta sonhar com o mundo inteiro e não usar os meios para atingir esse objetivo. Não adianta querer uma coisa com a boca, mas a mente ficar a dez quilômetros de distância, alheia a esse papo-furado.

Não adianta você dizer "eu quero isso", mas pensar o contrário, pois assim o portão da sua mente não se abrirá. E é nas profundezas de sua mente subconsciente que se encontram os tesouros de sua vida.

É fácil abrir as comportas do poder mental, mas é preciso que você saiba como fazê-lo.

Você deve aprender a dizer o "Abre-te Sésamo" do subconsciente e, então, terá diante de si todas as boas coisas da vida.

## PENSAR É PODER

Você já ouviu falar muitas vezes que querer é poder. Como é o pensamento que aciona o poder do subconsciente, na verdade pensar é poder.

Diga-me como você pensa e eu lhe direi quem você é.

Sócrates afirmava: Dize-me com quem andas e dir-te-ei quem és.

Um dia, procurou-me uma senhora totalmente perturbada. Mal começou a falar-me sobre os seus problemas, desandou num choro convulso. Falou da sua solidão, do seu nervosismo, das suas tristezas; dizia-me que, infelizmente, as pessoas são mal-intencionadas e só querem se aproveitar da gente. Estava cheia de ressentimentos e mágoas.

Eu lhe expliquei que o mundo exterior, as pessoas, a vida, tudo era resultado da maneira de pensar dela. Se ela achava que as pessoas não prestam, as pessoas, na verdade, para ela não prestam. Se ela começasse a pensar que as pessoas são agradáveis, as pessoas passariam a ser agradáveis para ela. Disse-lhe que a tristeza, as mágoas, os ressentimentos, a solidão, o nervosismo, não passavam de quadros sentimentais que ela nutria na mente.

Escrevi para ela a seguinte oração científica e pedi que a mentalizasse algumas vezes por dia:

"Eu e Deus somos uma unidade todo-poderosa, por isso estou em paz e irradio paz para todas as pessoas. Perdoo a mim mesma de coração e irradio perdão e boa vontade para todas as pessoas. O Poder Infinito, que está em mim, me envolve no seu amor, e envolve a tudo e a todos, por isso o mundo é bom e transmite bondade, boa vontade, harmonia e fraternidade. Desejo todas as bênçãos para a minha filha e para o meu marido e eles são protegidos pela Inteligência Infinita. Isso é bom. Estou alegre e perfeitamente bem física e mentalmente. A cada manhã, acordo radiante, contemplando em mim as belezas da vida. A cada dia, sinto-me melhor e melhor em todos os sentidos. Assim é e assim será. Tudo se fará conforme a minha crença. Que bom! Muito obrigada".

Isto aconteceu em 6 de abril de 1978. Já no dia 22 de maio do mesmo ano eu recebia desta senhora o seguinte depoimento:

"Agora tudo mudou em minha vida. Estou em paz e vejo a beleza que a vida é. Encontrei o meio de me tornar feliz e fazer os outros felizes. Essa técnica funciona mesmo; em mim fez milagres. Estou sendo abençoada espiritualmente. Agora estou com a chave deste reino maravilhoso. Posso enfrentar a vida sem problemas, pois tudo tem solução. Estou forte e agradeço a Deus por ter conservado a minha fé que antes eu não sabia como utilizar. É outra coisa a gente enfrentar a vida conhecendo o verdadeiro meio de viver..."

Veja você, essa senhora mudou o padrão dos seus pensamentos e a sua vida também mudou.

Normalmente as pessoas pensam que só conseguem realizar grandes coisas na vida através de trabalhos árduos, sofridos, lutados. Não é o trabalho intenso e difícil que fatalmente leva ao sucesso. O mundo está cheio de gente que se arrebenta trabalhando e, ao fim e ao cabo, os resultados são precários.

Talvez nós possamos dividir a história da humanidade em três eras distintas: a primeira era foi a do trabalho braçal; a segunda, foi e é a era intelectual; agora estamos atingindo a era mental. E estamos descobrindo que a mente é a força maior, capaz de revolucionar a vida de qualquer pessoa e de qualquer nação.

O pensamento positivo, que produz a ação e que acompanha a ação, esse é a força propulsora das realizações.

Pensar é poder.

O pensamento é capaz de produzir a saúde, a paz, a riqueza, o amor, o casamento, o sucesso na plantação e na criação, tudo enfim.

## A FÉ É A LEI SUPREMA DO PODER MENTAL

Muito se tem falado sobre a fé. Todas as religiões gravitam em torno da fé. A história do povo eleito, desde os primórdios da Bíblia está fundamentada na fé.

Todos os grandes personagens da Bíblia, como Noé, Abraão, Moisés, Josué, David, Salomão, Isaac, Jacó, e tantos outros, extraíram a sua força da fé.

Só existe um Poder Infinito e só existe uma forma de acionar este Poder Divino: a fé.

Mas não se trata de fé no sentido de um sentimento vago sobre algo que não se pode definir, sobre algo que representa uma esperança imprecisa, sobre algo que escapa ao controle da mente.

Fé é a certeza de que o seu pensamento é verdadeiro.

Acreditar, portanto, é aceitar definitivamente uma coisa como verdadeira.

Você, por exemplo, acredita que a água molha e nunca lhe passou pela cabeça qualquer espécie de dúvida quanto a isso. O pedreiro acredita que, fazendo uma mistura de areia, água, cimento e pedras, o resultado será uma massa forte de concreto. Sua fé nesse resultado é tão definitiva que nem espera para ver se vai dar certo ou não.

A cozinheira acredita que, colocando um ovo no fogo, o ovo endurece, ao passo que a manteiga, em contato com o fogo, se derrete. Este é um princípio sobre o qual a cozinheira não duvida.

A mente também tem as suas leis e seus princípios que nunca falham, quando usados corretamente; por exemplo, o pensamento cria, o desejo atrai, a fé garante, o poder realiza. Isto quer dizer que tudo o que você pensa, deseja e acredita que vai acontecer, acontece obrigatoriamente.

O Mestre Jesus, que conhecia todas as leis universais, já há dois mil anos ensinava este princípio, quando dizia: "Pedi e recebereis".

Parece incrível que um princípio tão simples e, ao mesmo

tempo, tão fabuloso, seja verdadeiro. Mas é. Todo o pedido já vem inserido no recebimento. Quando você pede, automaticamente já está atendido, assim como, quando você bebe água, já está matada a sede. Não pode existir um pedido que não possa ser atendido.

Mas, para que o seu pedido seja alcançado, você deve seguir o princípio básico da fé: acredite que o seu pensamento é verdadeiro, ou seja, que o seu pedido já está atendido pelo fato de pedir.

Se duvida, ou não acredita que vai receber, significa que está mandando duas ordens opostas e conflitantes ao seu subconsciente.

Como o seu subconsciente é o seu empregado todo-poderoso, que não discute ordens, que não raciocina e que não seleciona, vai acontecer que ele não encontra condições de atender você. Por exemplo, se você é uma pessoa nervosa e deseja curar-se do nervosismo, pela lei do pedi e recebereis você ora assim, repetidamente: "Eu sou calmo, eu sou calmo, eu sou calmo". Daí a pouco encontra-se com uma amiga que lhe pergunta como é que vai e você já começa a dizer que se sente muito nervoso; que não dorme bem, e coisas assim. Pronto, mandou duas ordens opostas ao seu subconsciente:

Primeira ordem: eu sou calmo.
Segunda ordem: eu sou nervoso.
Eis porque muitos pedidos e orações não são atendidos.

## E QUANDO VOCÊ É ATENDIDO AO CONTRÁRIO

Eu dizia acima que, quando você não é atendido, é porque está fazendo duas orações opostas.

Pois bem, para completar melhor a ideia, digo-lhe que você sempre é atendido: ou positivamente ou negativamente. Porque, entre duas ordens opostas e contraditórias, numa você acredita muito mais do que na outra. E, nesses casos, geralmente você põe muito mais emoção, muito mais energia, no pensamento negativo.

Ocorre muitas vezes, também, que você mentaliza durante dez ou quinze minutos por dia aquilo que deseja e passa o restante das vinte e três horas e quarenta e cinco minutos mentalizando que "não adianta, que isso não vai acontecer".

Um dia, uma senhora me procurou porque estava aflita, visto que seu marido havia deixado às pressas a cidade em que moravam e não lhe dissera onde iria ficar, pois não queria que ninguém soubesse do seu paradeiro, isto para fugir dos credores. Os dias se passaram e o marido não telefonava. Ela não sabia onde ele se encontrava e nem o que era da vida dele.

Eu lhe disse:

- Fale mentalmente com seu marido e peça que lhe telefone.

- Mas eu não sei onde ele se encontra – respondeu ela.

- Não importa – retruquei. – Fale em pensamento. Para o pensamento não existe espaço, nem distância, nem barreira. Veja o seu marido diante de si e diga para lhe telefonar. Ele receberá seu recado através do subconsciente dele e atenderá o seu desejo.

A mulher achou um tanto mirabolante a ideia, mas foi confiante para casa.

Uma semana depois voltou e disse-me que nada havia acontecido.

- Mas você está mentalizando o que lhe falei?

- Sim – respondeu ela. – Até vou a uma igreja e peço, peço muito, para que ele me telefone.

- Será que você não está duvidando de que isso possa acontecer mesmo?

Ela reconheceu que, no fundo, não acreditava muito nisso, embora desejasse que acontecesse.

Insisti que podia ter absoluta certeza de que ele iria telefonar-lhe.

Dois dias depois ela veio correndo me contar que o marido havia ligado para ela três vezes naquele dia, pois, nas duas primeiras vezes, não a encontrara em casa.

Você precisa acreditar. Desfaça-se das barreiras negativas. A sua mente é cósmica, é universal, e você pode entrar em contato com todo o universo.

Certa vez, esteve comigo uma senhora que sofria de ataques. Dei-lhe uma oração pela qual ela já se considerava curada, seu cérebro e mente funcionando corretamente, na justa e reta ordem divina.

Tempos depois, ela voltou bastante decepcionada. Cada vez que achava que tinham acabado os ataques, aí é que eles voltavam.

Eis o exemplo de uma oração às avessas. Quando os ataques não ocorriam, na mente dela surgiam sentimentos de dúvida e desconfiança: será que acabaram mesmo? Vai ver que hoje me acontecerá outra vez.

Esses sentimentos de medo, de expectativa, de incerteza, estavam ligando a mente de novo na programação dos ataques e tudo acontecia de acordo.

Faz-me lembrar uma frase de Jesus Cristo: "Quem põe a mão no arado e olha para trás, não é digno de mim".

Ao pedir, não se volte para as imagens da doença. Imagine-se recuperado e perfeito. Fixe na mente apenas a imagem verdadeira. E o seu subconsciente reagirá de acordo.

Ter fé é acreditar que a imagem colocada na mente se torna realidade física.

Seja feito conforme credes – disse Jesus.

## O OBJETO DA FÉ PODE SER VERDADEIRO OU FALSO

Felipe Paracelsus, médico, alquimista e erudito suíço-alemão, que viveu de 1490 a 1541, foi um inovador na Medicina do seu tempo e tentou descobrir o elixir da longa vida. É interessante esta sua afirmação: "Quer o objeto da sua fé seja verdadeiro ou falso, os efeitos obtidos serão os mesmos. Assim, se eu tiver fé na estátua de São Pedro, como deveria ter no próprio São Pedro em pessoa, obterei os mesmos resultados que teria obtido de São Pedro. Mas, isto é superstição. A fé, contudo, produz milagres; e, quer seja falsa ou verdadeira, produzirá sempre as mesmas maravilhas".

Não é, portanto, o objeto, ou a religião, ou a imagem, quem produz os resultados: é a fé que você tem de que esse objeto, ou essa religião, ou essa frase, ou essa oração, ou essa imagem, ou esse sacrifício, produzem o resultado que fará com que aconteça.

A fé é uma força irresistível imanente em você; no fundo, é a própria Força Divina existente em você. Esta Força age, não movida por aparatos exteriores, mas pelo seu pensamento. Lembre-se que acreditar é aceitar o seu pensamento como verdadeiro, quer ele seja, de fato, verdadeiro ou não.

Quando você acredita em alguma coisa, o seu pensamento se dirige apenas nessa direção e então aciona o Poder Infinito, que está dentro de si, e o Poder Infinito cumpre.

Ao remeter uma ideia, na qual acredita, para o seu subconsciente, este trata de cumprir.

Se acredita que é nervoso, fica nervoso; se acredita que é calmo, torna-se calmo.

Frequentemente as pessoas me perguntam se despacho ou bruxarias pegam.

- Fizeram um "trabalho" contra mim e tudo passou a dar errado na minha vida.

- Enterraram a minha fotografia no cemitério e eu estou com medo. Já perdi o emprego. Estou apavorado.

- Botaram um despacho na porta da minha casa. Comecei a ficar doente.

- Ele me disse que, se eu não voltasse, jamais seria feliz. Olha, perdi o meu namorado.

Outras pessoas me contam:

- Um dia me disseram que, se eu não fizesse um "trabalho", eu não arrumaria emprego. Não acreditei nisso e, em seguida, tive uma chance de um emprego formidável. Estou ótimo, melhor do que nunca.

- Eu tinha uma vizinha muito invejosa que só me desejava azar. Ia fazer certos "trabalhos" para me tirar o namorado. Fiz como o senhor me disse: comecei a mentalizar todos os dias que ela era maravilhosa, filha de Deus perfeita, desejei-lhe tudo de bom, e a imaginei minha amiga sincera. Pouco tempo depois, ela começou a me cumprimentar e nos tornamos grandes amigas.

Eu poderia continuar citando muitos casos. Para uns o "trabalho pegou", para outros até foi razão de maior sucesso. Isto quer dizer que não é o "trabalho" que provoca esta ou aquela situação, mas é o pensamento que você cria na mente em relação a este tipo de coisa.

Ninguém pode prejudicar você a não ser você mesmo. Aquele tipo de coisa pega se você ACREDITA que pega; não pega se você ACREDITA que não pega. Deu para entender? Em última análise, tudo começa e termina na sua mente.

Alguns tempos atrás, veio conversar comigo um senhor de certa idade. Ele tinha a crença de que tudo o que era mau se devia atribuir ao demônio. Acreditava ferrenhamente no demônio e dizia que as pessoas geralmente estavam endemoninhadas, porque nem sempre faziam o bem. Falei-lhe que esta história de demônios era superstição e expliquei-lhe o significado da palavra. Dias depois, ele apareceu esbaforido e, da escada mesmo, me inquiriu severo:

- Então, o senhor não acredita em demônios?

- Depende – lhe respondi – O que posso lhe afirmar é que esse tipo de demônios que viveriam aqui na terra para atormentar as pessoas e induzi-las ao mal, não existe, porque seria ridículo atribuir ao Criador esse esquema existencial doido.

- Então – retrucou ele, veemente – vou lhe mandar um bando de demônios e o senhor vai ver.

Eu sorri complacente:

- Pode mandar-me todos os demônios de Santa Maria, do Rio Grande do Sul, do Brasil e do mundo inteiro. Mande tudo para cá, assim o resto do mundo ficará limpo.

Claro, nem me preocupei com o que ele dissera. Outra pessoa talvez ficasse perturbada e, qualquer coisa que acontecesse de negativo, já levaria a concluir: Viu, já está acontecendo.

Relembro aqui Shakespeare: "O bem e o mal não existem, é o pensamento que os cria".

## A MULHER QUE MORREU NO DIA PREDITO

Em 1978, o programa de televisão "Fantástico", da Globo, apresentou o caso daquela mulher que consultou uma cartomante e esta lhe dissera que havia coisa ruim na vida dela, e não quis revelar mais nada. Como a consulente insistisse muito, a cartomante revelou que ela morreria na primeira quinzena de agosto daquele ano. A mulher ficou terrivelmente impressionada com a comunicação. Claro, ela acreditava no prognóstico, caso contrário não teria ido consultar a cartomante. O que aconteceu com essa mulher foi que, realmente, em agosto foi encontrada morta junto ao telefone de sua casa. Veja você como a força da sugestão pode alcançar qualquer objetivo, benéfico ou prejudicial. A mulher ficara extremamente impressionada com a revelação e essa ideia não lhe saiu mais da mente. Ao receber uma ordem dessas, tão forte e tão emocionalizada, o subconsciente da mulher tratou de torná-la realidade.

A sugestão é uma força irresistível. Como escreveu Émile Coué: "Recear a doença é ocasioná-la".

Recear a morte é provocá-la, não é mesmo?

No caso daquela mulher carioca, quem traçou esse destino foi a própria consulente e não a cartomante, porque, mesmo que a precognição fosse verdadeira naquele momento em que tirava as cartas, a verdade é que toda a pessoa tem o poder de conduzir e mudar sua vida conforme o desejar.

A criatura humana, pelo fato de ter liberdade e capacidade de novas opções a cada instante, pode, consequentemente, modificar qualquer precognição, por mais verdadeira que seja.

Isto significa que você deve conduzir a vida conforme a sua determinação, e não ser levado pelos acontecimentos, como o fazem muitas pessoas. Estas, sim, ficam ao sabor da sorte e de influências estranhas.

Não acredite em destino fatalístico.

Você pode modificar o seu destino a qualquer momento.

Acredite que existe uma Sabedoria Infinita dentro de si e invoque-a sempre para que conduza você pelo melhor e para o melhor.

Exerça você mesmo esse poder e então estará acima das influências negativas.

## HAVIAM PREDITO A MINHA MORTE

Em agosto de 1979 eu fui incumbido, pelo Departamento de Filosofia da Universidade Federal de Santa Maria, de participar de um Congresso Nacional de Pós-Graduação em Filosofia, a realizar-se no Rio de Janeiro.

Já havia comprado as passagens de avião quando uma senhora, cartomante, mostrou-se muito preocupada com a minha viagem e, até, numa reunião, pediu a pessoas amigas que fizessem uma "segurança" para me proteger nessa viagem. Antes da viagem, ela me convidou para um almoço e me deu a entender que tinha visto que ia acontecer um acidente comigo, na viagem, e que eu iria morrer nesse acidente. Essa senhora havia previsto a morte do seu marido e recebera, por telepatia, a comunicação da morte de seu filho, que falecera num acidente.

Pois bem, estava preparado o cenário para que eu me apavorasse. Eu, no entanto, pensei que sou dono da minha vida e posso mudar, a cada instante, o meu destino e, por isso, decidi que faria uma viagem maravilhosa: imaginei-me chegando de volta sadio, alegre e feliz.

Não é preciso dizer que tudo correu às mil maravilhas.

Se você orar, com convicção absoluta, esta prece afirmativa: "A Presença Infinita, que está em mim e que sabe tudo sobre tudo e sobre todos, me guia e me protege", então nada de ruim pode acontecer-lhe.

Você será sempre conduzido de tal forma que passará apenas por caminhos seguros e benéficos. A Presença Infinita o guiará de maneira a que todo acidente ou tragédia seja evitado e o protegerá para que não sofra nenhum tipo de assalto ou de mal.

Deus está em você e age por você. Deixe-se guiar divinamente e acabe com todos os medos.

"Ninguém lançará mão de ti para te fazer mal". (Atos 18.10)

## NÃO DÊ PODER A NINGUÉM

No último verão, uma jovem me disse que estava doente porque tinham feito um malefício para ela.

Expliquei-lhe que tinha Sabedoria e Poder Infinito dentro de si, que a guiava e que a protegia, mas, se ela desse este poder a outrem, esta pessoa mandaria nela.

- Como posso dar poder a alguém? – perguntou, incrédula, a jovem.

- Deixando-se influenciar. Se você se deixa influenciar, está aceitando a ordem dada por outra pessoa, e tudo o que o seu subconsciente aceita, torna-se realidade física. Portanto, nunca dê poder a alguém que possa prejudicá-la.

Se você assume o pensamento dos outros, acontecerá em você o que os outros querem que aconteça.

Quanto mais emocionalizado for o pensamento, com mais força e rapidez ocorre o resultado.

Examine-se agora e verá que inúmeras vezes você deu poder a outros; por exemplo, quando lhe disseram que é feia e você admitiu e passou a considerar-se feia; quando lhe disseram que seu corpo é desengonçado e você passou a aceitar isso; quando lhe disseram que não era inteligente e admitiu ser pessoa atrasada; quando lhe disseram que é desmancha-prazeres e você passou a imaginar que ninguém gosta de si; quando lhe xingaram que você não sabe tomar decisões e passou a ser indecisa e medrosa; quando lhe incutiram na mente que as pessoas só querem explorar e você começou a temer e desconfiar do mundo; quando assustaram você dizendo que viajar é perigoso e deixou de viajar; quando lhe juraram que comer melancia e tomar vinho faz mal e deixou-se condicionar; quando lhe avisaram que molhar os pés na chuva provoca gripe e você aceitou essa ordem; e assim por diante, por diante, por diante.

Agora faça uma limpeza geral na sua mente. Assuma você mesmo o comando do seu barco, pois ninguém quer mais bem a você do que você mesmo, portanto ninguém buscará com mais acerto o seu benefício do que você.

Contam que quando Edison, o gênio da eletricidade, passou a frequentar a escola, já no terceiro mês de aula o professor o considerou um perfeito idiota e o mandou para casa, que nunca aprenderia nada. Se Edison tivesse aceitado esta ordem negativa, dada até mesmo por uma autoridade no assunto, não passaria de uma pessoa marginalizada na vida.

Li, certo dia, que uma das maiores cantoras líricas de todos os tempos, Madame Shumann-Alink, quando jovem foi ter com um professor de canto a fim de fazer um teste de voz. O professor a ouviu durante alguns minutos e, então, bruscamente a interrompeu para dizer-lhe: "Chega. Volte para sua máquina de costura. Você poderá ser uma costureira de mão-cheia. Cantora, jamais".

Que teria acontecido se a cantora tivesse dado ouvidos ao professor?

Ouvi falar também que o famoso compositor Joaquim Rossini, autor da festejada ópera "O Barbeiro de Sevilha" e outras, quando começou a estudar música foi decididamente desaconselhado pelo seu professor, que achava que ele não tinha dom para a música.

Quero que você ponha na cabeça que ninguém pode prejudicar você a não ser você mesmo. Se aceitar uma sugestão negativa dada por alguém, não é esse alguém que, na verdade, está prejudicando você, mas é você mesmo que está se prejudicando por ter assumido a sugestão e tê-la feito sua verdade.

Nunca se perturbe com nada e faça com que a Sabedoria Infinita, que habita seu íntimo, oriente você corretamente na direção do amor, do sucesso, da felicidade e da vida.

## USE A FORÇA DA SUGESTÃO PARA VENCER

Existem duas correntes no mundo: a positiva e a negativa.

As pessoas que, desde a infância, mergulham e são mergulhadas na corrente negativa, levam uma vida desagradável, eivada de insucesso e de infelicidades. Sentem necessidade de água límpida, mas vivem afundadas no lodo. Qualquer palavra que lhes sai da boca vem composta de maus fluidos, como a amargura, a ameaça, a angústia, a frustração, o ódio, a inveja, o ciúme. Nos negócios, procuram sempre passar debaixo da porta. Nunca levantam a cabeça, de vergonha ou de medo. Para essas pessoas, tudo é mau, é feio, é perigoso, é azar. Quando casam, já entram por esse caminho desconfiados de que não vai dar certo e ficam de olho tenso em cima do parceiro. Se essas pessoas tiveram formação religiosa, se conformarão com a amargura dizendo que nasceram para sofrer mesmo, a fim de pagar os pecados, aplacar a ira divina e, desta forma, conseguir um lugarzinho no céu. Se não tiveram formação religiosa, amaldiçoarão a vida.

É preciso, no entanto, saber que uma reprogramação mental faz milagres.

Veja o que acontece com as pessoas positivas: acreditam na vida, no amor, no sucesso e têm certeza de que a vida lhes reserva o melhor. São alegres, autoconfiantes e iluminadas pelo entusiasmo. Acreditam que a vida é um dom maravilhoso a ser usufruído e, de fato, a vida acaba lhes oferecendo tudo o que desejam. Esses indivíduos descobriram que dentro deles existe um Poder Infinito e que basta socorrer-se deste poder, com convicção e fé, para obterem o que lhes é devido como seres humanos criados à imagem de Deus. Eles se sentem envolvidos por uma aura positiva e tudo em torno deles lhes traz satisfações. Tudo o que sai da sua boca é, na maioria das vezes, mensagem de fé na vida, nas pessoas, no Criador, em si mesmos. Seus olhos brilham com a força do vencedor, sua cabeça se ergue airosa e seu corpo marcha firme, sabendo para onde, como e porquê.

É o mundo dividido em dois tipos característicos de pessoas e, no meio, os mais ou menos.

Émile Coué já havia escrito, há muito tempo, que "o homem é aquilo que pensa".

Desde as primeiras horas do dia você recebe inúmeras mensagens, que vão acionar o seu pensamento. O rádio, o jornal, as pessoas, os cartazes, as imagens, os gestos, enfim tudo que entra pelos seus sentidos vai povoar a sua mente, que, por sua vez, será impressionada pela força da sugestão de cada mensagem. É por isso que se afirma que a sugestão exerce uma força incalculável na programação mental de cada pessoa.

Pela autossugestão positiva você pode determinar que o subconsciente alcance o que você deseja. No subconsciente residem o Poder e a Sabedoria, que agem de acordo com as impressões recebidas de forma marcante e unívoca.

Quando está com dor de cabeça, você pode sugestionar o subconsciente afirmando-se em perfeita saúde, cabeça bem leve, descongestionada e refrescante – e o subconsciente vai transformar esta ordem em realidade física.

Conheci uma menina que, assaltada por forte dor de cabeça, sentou-se numa poltrona, fechou os olhos e, calmamente, começou a repetir com fé: "Está passando, está passando, está passando". Continuou repetindo durante alguns minutinhos e a dor passou completamente.

A sugestão, na verdade, é uma força poderosa, que deve ser utilizada em seu benefício. A sugestão pressiona o botão do subconsciente e o faz abrir as comportas do poder e da sabedoria. A sugestão tem mais força do que a realidade, eis porque a modifica.

Se você hipnotiza uma pessoa e sugere que ela está com calor terrível, ela sentirá imenso calor e reagirá como quem está num verão insuportável, mesmo que o ambiente seja intensamente frio. O subconsciente não tomou conhecimento da realidade e sim do que lhe foi determinado pela sugestão.

Experimente chegar a uma pessoa e dizer-lhe: "Puxa vida, como você está pálida! Santo Deus, você está doente!" Ela ficará impressionada e até sentir-se-á doente. É o poder da sugestão.

Se disser a uma amiga: "Bah, como você está linda!", sua amiga ficará radiante e se sentirá realmente bonita.

A vida toda é feita de sugestões. Positivas e negativas.

A sugestão pode curar e pode adoecer uma pessoa. Pode enriquecê-la e pode empobrecê-la. Pode elevá-la ou rebaixá-la.

## TODOS OS DIAS ESTOU CADA VEZ MELHOR

Émile Coué, que trabalhou muito na cura pelo processo da sugestão e autossugestão, ensina um método muito simples, prático e que dá enormes resultados. Manda ele que a pessoa repita vinte vezes, à noite e pela manhã, a seguinte frase: "Todos os dias, sob todos os pontos de vista, vou indo cada vez melhor e melhor em todos os sentidos". A afirmação deve ser feita com os olhos fechados, com sentimento, e de forma a que você possa ouvir as próprias palavras, assim como se fosse uma ladainha.

Os melhores momentos para esse exercício são à noite, deitado, quando você já está querendo pegar no sono, e de manhã, quando recém acordou e ainda está em estado de semissonolência.

A frase assinalada por Coué é completa e encerra tudo o que você deseja. Esta sugestão, repetida em momentos estratégicos, lhe dará resultados maravilhosos.

Émile Coué, que passou toda a vida trabalhando no mundo da mente, depois de inúmeras experiências chegou às seguintes conclusões:

*Quando a vontade e a imaginação estão em conflito, é sempre a imaginação quem vence, sem nenhuma exceção.

*Na luta entre a vontade e a imaginação, a força da imaginação está em razão direta do quadrado da vontade.

*E conclui Coué que, quando a vontade e a imaginação estão de acordo, se multiplicam o poder e a força tanto da vontade quanto da imaginação.

Eis aí uma descoberta fantástica: o uso da imaginação para alcançar o que deseja. A imaginação sempre vence a vontade. O que acontece na sua vida não é tanto o que você quer que aconteça, como o que você IMAGINA que vai acontecer.

A imaginação e a sugestão geram a realidade, porque acionam o subconsciente nessa direção.

Lembro-me de uma piada, que pode ilustrar o fato. A aula estava apenas a cinco minutos quando o aluno ergueu o braço e pediu para a professora:

- Professora, posso beber água?
- Não, agora não. Devia ter bebido antes da aula.
Cinco minutos depois, o mesmo aluno:
- Professora, posso tomar água?
- Não, não pode.
Nem bem se passaram mais cinco minutos e o aluno tornou a pedir:
- Professora, posso tomar água? Estou com uma sede danada.
- Pois, pense que está com frio e a sede passa.
Cinco minutos depois:
- Professora, a senhora pode me arranjar um cobertor?
Aí está uma anedota. Mas poderia ter sido verdade. A sugestão tudo pode.

## REPITA, REPITA, QUE PEGA

Toda ordem que você manda para o subconsciente, com determinação, ele trata de realizar.

Muitas vezes você se queixa de que não consegue as coisas que mentaliza, mas se esquece de que há uma dicotomia nos seus pensamentos. Muitas vezes seus pensamentos entram numa briga de foice. Como dizia certo guru: Você tem um gato e um cachorro no coração, brigando todo dia. Ganha aquele que você mais alimenta.

Dona Julieta era uma senhora muito nervosa. Eu fiz uma oração, que deveria mentalizar à noite, de manhã e mais algumas vezes por dia, principalmente quando se sentisse agitada. Ela fazia a oração metodicamente. E veio se queixar que não havia progredido nada. Na oração, dizia para si mesma que era calma, que era muito calma, mas na realidade poucas vezes isso acontecia.

Procurei saber o que se passava na mente da dona Julieta e observei que, ao mesmo tempo em que se programava para ser calma, tinha a sensação de que era nervosa; e toda vez que se encontrava com amigas e comadres, o assunto caía invariavelmente no seu nervosismo. Ora, eram duas forças lutando dentro dela, cada uma querendo impor-se ao subconsciente.

Ela estava fazendo, na verdade, duas orações opostas e contraditórias. É isso que acontece quando a oração não é ouvida.

Que fazer, então, para solucionar a situação?

Busca outro caminho, o caminho muito usado pelas agências de propaganda. Você liga a televisão porque tem interesse no seu programa, na sua novela, no seu filme. Mas, no meio do seu programa, tem que aceitar a propaganda que é colocada. Aparentemente, você permanece indiferente aos anúncios, pois o que você quer mesmo é assistir ao seu programa. No entanto, você vê demonstrações sobre essa ou aquela pasta de dentes, o cigarro tal dos carrões e que leva vantagem em tudo, a bebida que conquista mulheres, a financeira que rende mais, aquela loja que vende isso e aquilo, assim por diante. Conscientemente, você está ligado apenas no seu programa, mas a propaganda acaba por influenciá-lo e lá vai você adquirir o produto. Seu subconsciente aceitou a mensagem depois de tanta repetição e você acabou entrando na compra.

A repetição é uma forma de impressionar o subconsciente.

Quando você está nervoso, se repete e repete e repete: "Eu sou calmo, eu sou muito calmo" - e continua repetindo, ficará calmo.

Não use a formulação negativa, porque, nesse caso, a memória se fixará mais na imagem negativa. Por exemplo, se disser: "eu não estou nervoso" - a imagem que mais gravará, por certo, é a da palavra nervoso e essa é uma imagem negativa. Simplesmente afirme a mensagem que você *deseja*: "Eu sou calmo".

Não se preocupe se inicialmente nada acontece.

Batei e abrir-se-vos-á – já dizia o grande Mestre Jesus. Lembre-se do velho ditado: Até uma mentira repetida várias vezes se torna verdade.

*Lauro Trevisan*

## TUDO O QUE PEDIRDES AO PAI, EM ESTADO DE ORAÇÃO, CRENDO QUE HAVEIS DE ALCANÇAR, ALCANÇAREIS

Foi Jesus Cristo quem deu uma das mais perfeitas definições do poder da mente, quando afirmou:

- Tudo o que pedirdes ao Pai, em oração, crendo que haveis de alcançar, alcançareis.

Vale a pena fazermos uma análise dessa afirmação.

Primeiramente, quero chamar a sua atenção para a palavra TUDO. Na verdade, o Poder Infinito, que está no seu íntimo, lhe alcança tudo, sem nenhuma exceção. Se pudesse pedir alguma coisa que lhe fosse impossível alcançar, ou se pudesse pedir algo que não existisse, estaria furada a afirmação de Jesus. Mas a lei do "Pedi e Recebereis" é uma lei universal e, consequentemente, infalível. Assim como são infalíveis as leis universais da física, da química, da mecânica, da eletricidade, da astronomia, etc, assim também são infalíveis as leis da mente. Então, veja bem, tudo você pode pedir e tudo você pode conseguir.

Você pode pedir, por exemplo, amor, casamento, saúde, paz interior, sono tranquilo, casa, carro, riquezas, felicidade, harmonia, inteligência, memória, emprego, viagem, alegria, calma, segurança interior, coragem, autoconfiança, sensibilidade, intrepidez, sucesso, farta colheita, recebimento do que lhe é devido, e *TUDO* o mais que possa imaginar de bom.

Vamos à seguinte palavra da frase de Jesus: Pedirdes.

Você precisa pedir, isto é, precisa saber o que deseja. Como quer você que o Poder Infinito lhe obtenha algo se não definiu o que quer, ou, pior ainda, se não sabe o que pedir?

Entenda que Deus, que habita seu íntimo, somente pode agir em você por meio de você. Deus não pode torcer o seu pescoço para que peça só coisas boas, bem como não pode agir por conta própria sobre você. Se assim acontecesse, imagine só que confusão não se criaria na sua vida: você desejando uma coisa e Deus o levando para outra coisa. Sim, é verdade que Deus sabe o que é melhor para você, mas deu-lhe o dom da liberdade. Pela liberdade você tem, por assim dizer, o tamanho de Deus: pode concordar com Ele, discordar dele, desconhecê-lo e até mesmo ir contra Ele.

Deus sempre atende a você e não pode deixar de fazê-lo, porquanto você é o próprio Deus manifestado no mundo. É um deus, com letras minúsculas, mas um deus. Foi o que ensinou Jesus: Vós sois deuses!

Disse Ele, certa vez: "Pedi e recebereis, batei e abrir-se-vos-á, buscai e achareis". (Lc.11,9)

Em outra ocasião, o Mestre declarou: "Quando orares, entra no teu aposento, fecha a porta e ora a teu Pai às ocultas; e teu Pai, que vê o que é oculto, te há de recompensar. Nem faleis muito quando orais, como fazem os gentios, que cuidam de ser atendidos por causa do muito palavreado". (Mt.6,5-7).

Aqui já podemos nos fixar na palavra PAI. Jesus chama a Deus de Pai. Deus tem muitos nomes. Uns o chamam de Poder Infinito, outros o chamam de Pai, outros ainda o chamam de Ser Superior, Eu Superior, Grande Arquiteto do Universo, Mente Cósmica, Energia Eterna, Mente Universal, Senhor, Vida, Presença Infinita, Espírito Santo, Grande Espírito, Supraconsciente, Força Divina, Matéria Eterna, e tantos outros nomes. Não importa a materialidade das palavras, mas o significado que você dá a elas.

- Eu e o Pai somos um – disse Jesus.

Você também é uno com o Pai. É por isso que Jesus disse que quando "fores orar, ora a teu Pai, que está no secreto".

- Quem vê a mim, vê o Pai – também falou Jesus.

Quem vê você, vê o Pai, porque o seu espírito emana do Espírito de Deus, por isso você é parte de Deus, é uno com Deus. Aí reside a sua força, o seu poder, a sua sabedoria, a sua grandeza e divindade.

Quando for orar, portanto, entre para dentro de si mesmo. É isso que Jesus queria dizer quando falou que você deve pedir EM ESTADO DE ORAÇÃO.

"Quando orares, entra no secreto e, fechando a porta, ora a teu Pai que está no secreto..."

Este é um convite para que, quando for orar, entre em

estado de oração, em concentração mental, em nível alfa, em interiorização; enfim, quando vai orar ou pedir algo, procure descer às profundezas da sua mente, pois aí a sua oração chega mais límpida, sem as dúvidas e obstáculos, muitas vezes criados pela mente consciente. Quanto mais profunda a sua concentração e, mais passiva estiver a sua mente consciente, mais fortemente você gravará no subconsciente o seu pensamento. Quanto mais interiorizado estiver no momento de orar, mais intimidade terá com o Pai.

Como em estado de profundidade mental diminuem as reações contrárias da mente consciente, com mais facilidade e segurança você CRÊ QUE VAI ALCANÇAR.

Este é mais um requisito para o atendimento: crer que, pelo fato de pedir, já está alcançando.

Crer é ter certeza. Quando você duvida, está mandando duas ordens contrárias ao subconsciente: uma é a ordem daquilo que você deseja e pede, e a outra é o sentimento hesitante de que talvez seja atendido.

Jesus disse, certo dia, algo simplesmente assombroso: "Aquele que crer em mim, fará as coisas que eu faço, e as fará ainda maiores". (João, 14,12)

Quando você vai retirar dinheiro de um banco, basta preencher corretamente o cheque, ter crédito e entregar seu cheque ao caixa, e já fica esperando o dinheiro com a tranquilidade e a certeza absoluta de que receberá.

Faça assim quando pedir algo. Crie o sentimento de certeza de que, pelo fato de pedir, já está alcançado.

Assim, livre de preocupações, de dúvidas, de medos, de incertezas e de ansiedades, você ALCANÇARÁ.

Toda oração é infalível. Quando verdadeira. Oração verdadeira é a que funde as palavras com a crença no seu significado.

"Pai, eu te dou graças por teres me ouvido. Bem sabia que me ouves sempre". (João, 11,41-42)

## AGORA PONHA O MUNDO A SEUS PÉS

Você já leu na Bíblia que é o rei da criação e, consequentemente, dono do mundo. Então, levante-se e ponha o mundo a seus pés.

Comece desde agora a construir o seu mundo. Seja você o engenheiro e o arquiteto de sua vida.

Você é uno com o Pai, portanto não diga que é um verme rastejante, não diga que é um ser miserável, não diga que está vivendo num vale de lágrimas. Seria uma ofensa ao Deus que habita seu coração.

Você tem um Poder Infinito e uma Sabedoria Infinita para escolher o melhor e para conseguir o melhor.

Perceba que é poderoso e livre. Seus anseios de amor e felicidade, seus desejos de viver na abundância e na saúde perfeita, são normais e justos. Anormais são a miséria, a doença, o desamor, a infelicidade.

Levante a cabeça. Vamos. Levante a mente. Olhe este mundo fantástico, cheio de belezas e de riquezas, e aceite que ele foi criado para você. Pode existir herança mais fabulosa?

Use a Força Divina e você terá o mundo à sua disposição.

Use o Poder Infinito, que está dentro de você, e será um triunfador.

Use a Sabedoria Infinita, existente em si, e saberá chegar aonde deseja.

Mergulhe na Presença Infinita, e nada de mal poderá acontecer-lhe.

Proclame com vigor, para você mesmo: "Eu sou um vencedor".

Assim é e assim será.

## SEJA FEITA A VOSSA VONTADE
## ASSIM NA TERRA COMO NO CÉU

Havia grande expectativa quando foi aberto o túmulo de Hermes Trimegistus, pois se dizia que lá dentro estaria o grande segredo da humanidade.

Ao abrirem, com o maior entusiasmo, a sepultura, foi encontrada no seu interior a seguinte frase:

"Como é lá dentro, assim é aqui fora;
como é lá em cima, assim é aqui embaixo".

Esta frase me reportou a uma outra, de um autor muito mais famoso do que Hermes:

"Seja feita a vossa vontade,
assim na terra como no céu".

Essa afirmação é de Jesus Cristo.

Tanto uma quanto outra encerram uma verdade de extrema profundidade.

A frase de Hermes pode significar que, assim como é na sua mente, assim é na realidade de fora.

A frase de Jesus também contém uma verdade transcendental.

Um dia, eu estava caminhando pelas areias das praias de Tramandaí, quando, de repente, senti um impulso para escrever o Pai Nosso em poesia.

Ao chegar à afirmação: "Seja feita a vossa vontade assim na terra como no céu", os versos me saíram assim:

SEJA FEITA A VOSSA VONTADE...
A tua santa vontade
É me dar felicidade,
É me ligar só no Bem...
É me dar logo, em seguida,
As boas coisas da vida
Que eu desejo também.

ASSIM NA TERRA como no céu...
Deus está na matéria,
Que não contém a miséria,
Porque Deus é perfeição.
Se o meu corpo está doente,
Ligo-me em Deus novamente
E de novo fico são!

Assim na terra COMO NO CÉU...
A mente é um céu eterno,
Ou, então, o próprio inferno
Que no íntimo se traz.
Mas, fazendo a tua vontade,
Terei um céu de verdade,
De harmonia, amor e paz.

É de se notar, pois, que fazer a vontade do Pai não é deixar que as coisas aconteçam como acontecerem.

Um dia, uma senhora, doente de câncer, me disse: "Quando eu me conscientizei de que tinha câncer, coloquei tudo nas mãos de Deus". Então, perguntei o que ela queria dizer com tal afirmação. Aquela frase, muito repetida nos meios religiosos, pode conter conteúdo fatalístico, como se a pessoa resolvesse mais ou menos assim: Azar, agora seja o que Deus quiser. Ora, Deus nunca pode querer a doença, porque Deus é perfeição e só tem desejos de perfeição.

Se você quer fazer a vontade de Deus, tratará de entrar em estado de perfeição, isto é, em estado de harmonia mental e física, em estado de perfeita interação positiva entre a mente e o corpo, entre a "terra e o céu". Portanto, há de se ligar na saúde e não na doença.

Quando você está doente, diga que "seja feita a vontade de Deus assim na terra como no céu", entendendo que a sua mente e o seu corpo devem entrar novamente em estado de saúde, de harmonia, de perfeição, porque esta é a vontade de Deus.

## ASSIM NO CÉREBRO COMO NA MENTE

Certo dia, o cientista inglês Grey Walter se meteu a fazer o cálculo para determinar quanto custaria a fabricação de um computador eletrônico que realizasse todas as operações que efetua o cérebro humano. E o resultado do custo foi uma cifra que corresponderia ao número quinze seguido de dezenove zeros, cálculo esse feito em 1974, segundo a revista Realidade, editada na época. Seriam necessários milhões de computadores para igualar o trabalho do cérebro. Diz o artigo daquela revista que a "capacidade do cérebro, segundo os cientistas, poderá ser em breve elevada ao dobro, o que permitiria ao homem evoluir, nas próximas décadas, tanto quanto o fez nos últimos dez mil anos". Conceitos de 1974.

Embora possa parecer uma perspectiva espantosa, a humanidade já fez muito mais: nos primeiros cinquenta anos do século vinte dobrou o conhecimento científico adquirido em mais de cem mil anos.

Agora, nessas duas primeiras décadas do século vinte e um, já temos naves espaciais explorando outros planetas e cruzando a fronteira de outras galáxias. No que tange ao computador, daqui a pouco um aparato do tamanho de uma caixa de fósforos poderá permitir ao ser humano contatar pessoas de qualquer região do nosso planeta e abrigar os conhecimentos gerais já divulgados no mundo.

O Doutor John Eccles, prêmio Nobel de Medicina, disse, certa vez:

"Eu posso explicar meu corpo e meu cérebro como massas físicas. Mas há algo além. Não posso explicar a minha própria existência. Talvez esteja aí o limite que o homem precisa descobrir".

Sabe-se que, atualmente, o homem está usando apenas uma pequena parcela de seu cérebro. É certo, pois, que, no momento em que conseguirmos devassar mais os mistérios da sede da nossa mente, alcançaremos resultados que nos trarão uma vida mais feliz, mais agradável e mais produtiva. A mente e o cérebro funcionam de comum acordo, mas o alcance da mente transcende ao infinito as dimensões do cérebro. Por exemplo, o homem tem capacidade de predizer o futuro, de ver à distância, mesmo de olhos fechados (clarividência); tem capacidade de se transportar mentalmente para um lugar distante do corpo e, consequentemente, do cérebro; tem capacidade de captar o pensamento de outrem (telepatia); enfim, a capacidade da mente – que, por sua vez não pode dispensar o cérebro – é ilimitada.

Falando sobre o cérebro, Harold Shermann diz o seguinte: "Se você apresentar, por meio de um ou mais de seus cinco sentidos físicos, informações ou circunstâncias ocorrendo no momento, algum artigo que esteja lendo, ou alguma experiência que gostaria de repetir, sua mente, agindo como um computador, assimila esses dados, converte-os em ondas cerebrais ou impulsos elétricos, guardando-os em sua memória para uso futuro. Você sabe, naturalmente, que a ciência é capaz de medir as ondas cerebrais e que a inteligência pode ser guardada num fluido químico por reações eletroquímicas às experiências da vida e condições de ambiente".

Seguidamente converso com pessoas que sofrem de disritmia cerebral e essas pessoas se afligem como se fosse algo irreversível. Você pode reorganizar o ritmo do seu cérebro, determinando que sua mente atue neste sentido. Assim como os mecanismos do cérebro podem ser perturbados por pensamentos e sentimentos conturbados, que são capazes de gerar verdadeiras tempestades eletromagnéticas do tipo dessas que acontecem de vez em quando na superfície do sol, da mesma forma pensamentos de harmonia, de controle, de equilíbrio, podem produzir a organização e a reta ordem no seu cérebro. Por que não?

Há mais de vinte anos eu fiz um eletroencefalograma, em Porto Alegre, e este eletro se apresentou patológico. Alguns anos mais tarde, fiz outro eletro e também apresentava disritmia. Nem dessa vez e nem da outra tomei os remédios indicados, por puro relaxamento, confesso. Em 1975 entrei no mundo do Poder Mental e tempos depois fiz outro eletroencefalograma que se apresentou saudável e normal.

A mente que criou as células perfeitas, pode restabelecer a ordem quando houver desarmonia. Quem fez o mais, que é criar, pode fazer o menos, que é reorganizar.

## APRENDA A ENTRAR EM ALFA

Entrar em nível alfa é entrar em estado de concentração mental, ou, como dizia Jesus Cristo, é entrar em estado de oração. É através do relaxamento, da calma, que se alcança o nível alfa.

De acordo com a teoria corrente, existem quatro estados de consciência: nível beta, nível alfa, nível teta e nível delta.

O cérebro emite minúsculos impulsos eletroquímicos e a maior ou menor frequência dessas pulsações, ou ciclos, determina seu estado atual de consciência.

Quanto mais elevada a sua ciclagem cerebral, menor a sua capacidade mental.

Quanto mais baixa a frequência cerebral, maior a sua capacidade. Isso em termos gerais.

Nível BETA é o estado mental em que você se encontra provavelmente agora. É o estado de vigília, estado mais alto da mente consciente ativa.

Quando a pessoa está em nível Beta, o ritmo cerebral pulsa numa média de 21 ciclos por segundo. Isso ocorre normalmente quando você lê, conversa, vê televisão, estuda, ouve rádio. Mas, essa pulsação cerebral pode se elevar até a 60 ciclos, ou mais, e isto acontece quando você está agitado, nervoso, vingativo, em discussão de briga, em pânico, assustado, apavorado, tenso, ansioso. Observe que, quanto maior a frequência cerebral, menor é a sua capacidade mental. Nesses estados muito alterados, pode dar um "branco" na memória, descontrolar a mente, fazer coisas impensadas, tomar atitudes extremamente prejudiciais.

Você viu que, conforme a situação emocional for se descontrolando, a frequência cerebral vai acelerando mais e mais, e isso faz diminuir proporcionalmente a sua lucidez e o seu discernimento. É por isso que muitos estudantes se dão mal nos exames, embora tenham preparado bem a matéria: entram na sala de exame em estado de tensão e pânico, e isto bloqueia a inteligência. Depois, tudo acabado, quando nada mais se pode fazer, ao voltarem para casa começam a se lembrar das respostas que não lhes ocorrera na sala das provas. É óbvio, agora mais relaxados, a mente passa a funcionar melhor.

Veja, por outro lado, o que é que acontece quando duas pessoas começam a discutir violentamente, a trocar ofensas e a gritar. Mesmo que fiquem aí neste bate-boca por cinco horas, no final de tudo perceberão que nada se aproveita do que disseram. É que nessa ciclagem cerebral a mente não raciocina bem. Parem, pois, de discutir, que isso não leva a nada. Na discussão, pouco ou nada se aproveita. O diálogo sim é profícuo, porque o tom do diálogo é um tom calmo e, neste caso, a pulsação cerebral se aproxima dos 21 ciclos, o que permite um raciocínio lógico, analítico e razoável. As desavenças, as mágoas, as inimizades, geralmente ocorrem porque houve conversa em estado muito alterado de consciência, pois essa região mental é propícia a acusações, desrespeitos e agressividades.

O mapa da mina está no nível ALFA.

Entrar em ALFA é descer a um nível profundo de relaxamento. Esse é o estado mental ideal, pois, em alfa, amplia-se o campo da inteligência, da memória, da capacidade, da lucidez, do discernimento, da criatividade, da inspiração, da percepção extrassensorial e da intuição.

Em Alfa se estabelece a harmonização entre corpo, mente e espírito. Nessa relação, produz-se saúde, paz e felicidade.

Chega-se ao nível Alfa pelo relax, pela meditação, pela concentração, pela contemplação, pela oração, pela calma e pela paz de espírito. Nesses casos, o ritmo cerebral se situa entre 7 e 14 ciclos por segundo, sendo que a média é 10,5 por segundo. Dizem os estudiosos que 10,5 é ritmo cósmico, ponto de sincronia universal. Este é o nível da clarividência, telepatia, precognição e das manifestações extrassensoriais e paranormais.

Toda programação mental que você fizer em nível Alfa sensibilizará de modo efetivo seu subconsciente.

Você sabe que, quanto mais profundamente gravar uma determinação ou desejo no subconsciente, mais forte e rapidamente ele cumprirá. Alfa, portanto, é o nível ideal para gravar profundamente na memória.

## COMO ENTRAR EM NÍVEL ALFA

Ligue, se for possível, uma música calma, e coloque-se em posição bem confortável. Relaxe, relaxe, relaxe. Respire profundamente algumas vezes.

Concentre a sua atenção nas diversas partes do seu corpo e vá relaxando uma por uma. Você estará relaxando se sentir, nessa parte, uma espécie de formigamento, ou leveza, ou como se não existisse essa parte do corpo. Talvez não sinta nada além de paz.

Mentalize, por exemplo: "Meu couro cabeludo está bem relaxado; minha testa está bem relaxada; minhas pálpebras estão relaxadas; meu rosto está bem relaxado; meu pescoço está bem relaxado; minha garganta está bem relaxada; meus pulmões estão bem relaxados; meu coração está bem relaxado; meu estômago, abdômen, intestinos e todos os órgãos internos estão bem relaxados; meus quadris estão bem relaxados; minhas coxas estão bem relaxadas; meus joelhos estão bem relaxados; minhas pernas estão bem relaxadas; meus pés, sola dos pés e dedos dos pés estão bem relaxados; meus braços estão bem relaxados. Minha mente agora está leve, límpida, em paz e calma; meu coração, sede dos meus sentimentos, está em paz, iluminado, feliz, cheio de boas emoções positivas. Agora há uma perfeita interação entre minha mente, meu coração e meu corpo. Estou me sentindo mais leve, mais leve, como a flutuar num mundo maravilhoso. Sinto em mim a serenidade de um lago azulado... Sinto-me em perfeita harmonia com o universo e com Deus".

Relaxe mais e mais.

Agora você está em condições de se programar, de mandar alguma ordem para o seu subconsciente; está em condições de estudar e de resolver problemas. Mentalize o que você quer que aconteça: crie um quadro mental, visualizando como já existindo o que deseja. Ponha detalhes, sinta entusiasmo, e agradeça desde já, pois todas as coisas estão prontas quando o estão na mente.

Se você está grávida, entre em Alfa e fale com seu bebezinho: diga que você o ama, que o espera com entusiasmo; diga do seu carinho por ele; deseje que se desenvolva sadio, feliz e inteligente...

Uma pessoa em nível Alfa é bem mais receptiva. Se você deseja, por exemplo, irradiar energias de saúde para seu filhinho, mande que faça qualquer oração – basta uma criança rezar e já estará em Alfa – e nesse momento irradie para ele o que você deseja.

## ESTUDE EM NÍVEL ALFA

Quando você vai estudar, nada melhor do que entrar em Alfa, pois aprenderá com mais facilidade e gravará melhor na memória.

Para aproveitar ao máximo seu tempo de estudo, procure observar os seguintes aspectos:

- Goste da matéria que vai estudar. Se nunca gostou, procure razões, argumentos, algo que faça você gostar. Assim, aprenderá mais, gastando menos energias, pois você evitou conflitos de intenções.

- Não se aflija porque tem muitas coisas para estudar; concentre a sua atenção somente naquilo que determinou que vai estudar agora.

- Faça com que o ambiente de estudo seja calmo e silencioso.

- Desligue a sua mente dos problemas, das broncas, do namorado, do medo de não passar, da pressão dos pais... Desligue também a televisão e o celular durante o período do estudo.

- Coloque-se numa posição confortável, relaxe, invoque a Sabedoria Infinita, que existe dentro de si, e determine que vai entender tudo com facilidade, vai guardar na memória e vai recordar com precisão, quando o desejar.

Agora passe a estudar, sempre calmo, descontraído, em alfa.

## TETA É UM NÍVEL AINDA MAIS PROFUNDO

TETA é o último nível mental que você atinge em estado consciente. O ritmo cerebral baixa entre 4 e 7 pulsações cerebrais por segundo. É como se estivesse em estado de sonolência. Está no limiar do sono. Mas, ainda se mantém consciente, embora em baixa frequência. Por sinal, quanto mais baixo o ritmo cerebral, em estado consciente, maior é a energia mental. Diz-se do famoso inventor Edison que, quando não encontrava solução para completar um invento, deitava-se num banco, na fábrica, e fazia uma "sestinha". Quanto mais diminui a fronteira entre a mente consciente e a mente subconsciente, mais você se aproxima da Sabedoria Infinita, do Eu Superior, da Mente Cósmica, ou seja, do Conhecimento universal.

Aproveite, pois, a hora em que vai deitar e deixe-se adormecer com o pensamento ligado naquilo que deseja solucionar. Obterá a resposta do subconsciente e esta resposta nunca pode ser errada.

## NÍVEL DELTA É O SONO

Quando você desce a um ritmo cerebral abaixo de teta, então você entra em DELTA, que é o sono. O ritmo cerebral de Delta se situa entre 4 e 0,5 ciclos por segundo. Neste estado, sua mente consciente não atua. Mas a mente subconsciente continua receptiva. Você pode programar-se para sonhar a solução de um problema, para alcançar a resposta de uma questão, assim por diante. Houve inventores que obtiveram resposta para dificuldades durante o sono. Acordaram com a resposta exata ou sonharam a solução do impasse. Grandes artistas, músicos, escritores receberam durante o sono inspirações e revelações estupendas da mente subconsciente.

Quando você vai dormir e tem um problema para resolver, faça assim: relaxe, acalme-se, entre em Alfa e diga: "Eu tenho este problema... Eu quero a solução deste problema; vou sonhar a solução, vou lembrar o sonho e vou entender o sonho". E adormeça. Acordará durante a noite ou pela manhã com a solução. Experimente.

## USE OS SONHOS PARA RESOLVER SEUS PROBLEMAS

Você leu, há pouco, que durante o sono a mente consciente fica, por assim dizer, desativada, e, então, o subconsciente, que tudo sabe, fica liberto, podendo ser conduzido a fornecer-lhe a resposta correta daquilo que o preocupa. E isto é tanto mais provável quanto mais perfeitamente você usar as técnicas que sensibilizam a mente subconsciente.

O subconsciente aprecia sobremaneira manifestar-se, durante o sono, em forma de simbolismos, de imagens, de figuras e dramatizações. Os símbolos e as imagens e dramatizações são baseados nas suas experiências pessoais, por isso cada pessoa deve interpretar seus próprios sonhos de acordo com os arquétipos criados no arquivo da mente. Sonhar com cobra, por exemplo, para mim pode significar uma coisa, para você pode significar outra coisa e para seu amigo pode ainda significar algo bem diferente.

Já existem métodos para você controlar os sonhos em seu benefício.

Inicialmente, você deve, por assim dizer, treinar seu subconsciente.

Faça assim: proponha-se lembrar de um sonho por noite durante uma ou duas semanas. Programe-se toda vez que for dormir: "Eu quero ter um sonho, eu vou ter um sonho e eu vou lembrar este sonho". E durma.

Você acordará durante a noite, ou pela manhã, com a vívida lembrança de um sonho. Imediatamente escreva tudo o que se lembra do sonho, num caderno.

Passadas duas semanas em que tudo vem ocorrendo normalmente, mude a programação dizendo que vai se lembrar de todos os sonhos. Ao acordar, escreva todos os sonhos de que se lembra. Isso durante quinze dias, ou mais. Terminada essa operação-sonho, você está em condições de conseguir a resposta do seu subconsciente para o problema que deseja solucionar.

O subconsciente se acostumou a obedecê-lo e continuará obedecendo às suas ordens.

Certo dia, eu estava conversando, num jantar, com a esposa de um médico e ela me contou que quando sonha com a mãe dela, já falecida, recebe um aviso. "Há dias – contou-me ela – minha mãe me apareceu, em sonho, e me disse para olhar a mala da empregada. No dia seguinte, fui verificar e achei a mala da empregada cheia de roupas de cama, que ela tinha roubado da minha casa".

É de se observar que, em sonhos precognitivos, não raro aparece um familiar muito querido para dar a informação. Embora certos grupos defendam que se trata realmente do familiar falecido, entendo que essa é apenas uma forma muito inteligente de agir por parte do subconsciente. É que, se aparecer uma pessoa muito querida e de inteira confiança, como, por exemplo, o pai, ou a mãe, ou alguém da nossa estima pessoal, a emocionalização do sonho se torna muito vigorosa e você acorda lembrando tudo. Além disso, por ser dada a resposta através de uma pessoa que você ama muito, isso faz com que acredite no sonho e mantenha a recordação vívida em sua mente. Se sonhasse com um personagem estranho e desconhecido, que lhe dissesse algo até muito importante, o efeito da mensagem não causaria impacto na sua mente e você acabaria por esquecer a informação.

No outro dia, assistindo a um programa de televisão em que se contava a vida do famoso cantor Carlos Gardel, morto em acidente aviatório, o locutor narrava que, na manhã em que Gardel devia viajar, uma menina foi chorando dizer-lhe que não viajasse de avião porque sonhara a noite inteira com pássaros se chocando no ar, se batendo, e caindo mortos no chão. Carlos Gardel não deu importância aos sonhos precognitivos dessa menina, que sequer conhecia, e morreu naquela viagem, quando seu avião chocou-se com outro em pleno voo.

Não faz muito, esteve comigo uma jovem para me pedir orientação, pois estava grávida. Perguntei-lhe como havia percebido tão de imediato que estava grávida e ela me contou que so-

nhara que havia encontrado uma amiga sua na rua e essa amiga estava grávida. No dia seguinte, realmente encontrou essa amiga na rua, só que ela não estava grávida.
- Entendi de imediato – disse ela – que quem estava grávida era eu.

## ELA SONHOU QUE DEVIA MORRER E JÁ ESTÁ DOENTE

Há tempos, esteve me procurando uma senhora cujo pai havia falecido no começo do ano.

Ela contou que, certa noite, viu em sonhos, diante dela o pai e um vizinho, este também já falecido. A presença do pai era tão real que, na hora, ela nem imaginava tratar-se de sonho. Conversou com o pai normalmente, como se ele estivesse vivo, enquanto que o vizinho permanecia em silêncio, ao lado, e ela tinha a impressão clara de que este sim estava morto.

No meio da conversa, o pai disse para a filha:
- Olha, eu vim te buscar.
- Mas, pai – respondeu ela – eu estou bem aqui, não tenho interesse nenhum em ir para lá.
- Mas eu vim te buscar. E tu vais ter a mesma doença que eu tive.

Aquela senhora, então, me confidenciou que, no começo, ficou impressionada, mas, depois, tratou de esquecer o sonho.

Algum tempo após, ela sentiu fortes dores repentinamente a ponto de quase desmaiar.
- Foi uma coisa muito feia o que senti – relatou ela.

Daí para frente, sua saúde foi piorando e viu-se obrigada a se submeter a tratamento médico. Embora constatasse que o problema maior provinha dos nervos, assim mesmo sentia-se fraca e combalida.

Você concordará comigo que o subconsciente daquela mulher começou a aceitar a ideia enviada pela mente consciente de que a informação recebida do pai iria cumprir-se. Ela disse que tinha esquecido, mas, no fundo, a ideia ficou martelando. Para ela, o sonho teve a força da realidade, que foi somada à força do medo que a assaltou. Eis aí duas forças poderosas atuando naquela mulher. E os resultados não se fizeram esperar. Se eu dissesse para não dar importância ao sonho, que sonho é sonho, pura bobagem, ela me responderia que foi precisamente o que procurou fazer. Era preciso, portanto, que ela assumisse uma imagem mais forte e mais poderosa do que o impacto que lhe causou o sonho.

Seria possível? Claro que sim.

Passei a explicar-lhe algumas verdades de fundamental importância: que não existe fatalismo, ou melhor, que nada existe que não possa ser modificado; que a pessoa que mergulha nos braços de Deus e se envolve na proteção do Altíssimo, está segura e em paz; que ela devia libertar-se do pai.

## NÃO EXISTE FATALISMO

Toda ordem, todo comunicado, todo aviso, toda precognição, toda adivinhação, toda profecia, podem ser modificados pela pessoa. Ponha isso na cabeça.

Você é uma pessoa viva e a vida evolui, assume novos contornos, novas situações, que são determinados pelas contingências do dia a dia. Além do mais, você tem dentro de si um Poder Infinito, que pode ser usado para criar novas situações e novos rumos.

Se acredita que vai viver muitos anos e que sua vida será sempre cheia de sucessos e realizações – como aquilo em que você pensa e acredita se realiza – é o que vai acontecer. Mas, se acredita que está doente e que a doença não tem cura e que em breve vai morrer, esta é a ordem que está dando para que o Poder Infinito cumpra.

Tenha, pois, a sua mente sempre voltada para a vida, porque a vida é bem, é perfeição.

Há anos, assisti ao filme "Guerra e Paz", baseado no romance de Leon Tolstoi. O final do filme terminava com uma frase do escritor, frase que sempre ficaria gravada na minha mente:

"A vida é Deus e amar a vida é amar a Deus".

No momento em que você acredita que é uno com Deus, e é mesmo, porquanto seu espírito procede do Espírito de Deus, então nada mais pode perturbá-lo, pois em si reside a Força Universal contra a qual nada e nem ninguém pode.

Imagine-se mergulhado na Fonte da vida, sinta-se envolvido por um manto de luz divina e protetora, e nunca será atingido pela desgraça.

## LIBERTE-SE DO FALECIDO

Há pessoas que não libertam o ente querido falecido e não se libertam dele. Não me refiro a um amor suave e a uma lembrança agradável. Refiro-me à pessoa que se agarra à imagem do falecido de forma obsessiva e torturante. Isto não faz bem nem a si e nem ao falecido.

O falecido já está noutra dimensão, já cumpriu sua caminhada. Deseje toda a felicidade para ele e liberte-se dele, deixando que siga sempre em frente na direção de Deus.

Você deve, agora, lembrar-se dos seus entes queridos que estão nesta dimensão. É a eles que deve voltar-se com toda a sua bondade, com todo o seu carinho, com todo o seu amor e boa vontade.

Certo dia, fui ver uma senhora que estava em grave estado de depressão porque seu filho havia morrido na flor da idade em acidente de carro.

Ela nem mais queria viver e achava que Deus fora muito injusto lhe roubando a presença daquele filho. Mas, não percebia a injustiça que ela mesma estava cometendo, deixando ao abandono total seu marido e seus outros cinco filhos. Estava triste, deprimida, doente, fisionomia carregada, solitária, desanimada, por causa de um filho falecido, quando todos os outros esperavam dela amor, carinho, alegria, sorrisos, bondade e, acima de tudo, uma presença viva, vibrante, confortadora e animadora, como só uma mãe pode fazer. Ela preferia ficar voltada para um filho ao qual nada podia fazer e deixava de lado todos os outros aos quais tudo podia fazer.

Aconselhei-a a abandonar todo sentimento de revolta, de mágoa, de queixa contra Deus e contra o destino, porque não tinha dados para fazer um julgamento correto do caso.

Ela voltou-se revoltada contra mim:
- O senhor tem filho?
- Não, não tenho.
- Bem se vê! Não sabe o que significa a perda de um filho!

Já que ela jogava duro, retruquei:
- A senhora brada contra Deus, mas tem certeza que não foi o seu filho que quis jogar o carro na traseira daquele caminhão?

Nunca podemos julgar. O que importa é que você está vivo e deve continuar alegre, feliz, sorridente, agradável, procurando embelezar este mundo no qual está inserido.

## QUANDO VOCÊ LEVANTA COM O PÉ ESQUERDO

Segundo um dito popular, há duas maneiras de começar o dia: com o pé esquerdo ou com o pé direito.

Não faz muito, encontrei um velho amigo, que não o via há bastante tempo. Estava tão fechado em si mesmo que quase não percebeu minha presença.

- O que é que há com você? – perguntei-lhe, depois de saudá-lo cordialmente.
- Sabe como é, hoje levantei com o pé esquerdo.

Como esse amigo, você também deve ter levantado, vezes sem conta, com o pé esquerdo.

Engraçado, ouvindo isto, pode-se chegar à conclusão de que existe uma programação diária para cada indivíduo, traçada por alguma entidade do Além. Se este seu dia estiver programado para ser alegre e lhe trazer sucesso, tudo irá bem. Se o Destino, no entanto, determinou mau humor, azares, enxaquecas, insucesso, lá vai você, aborrecido, cumprir a carga desagradável do dia.

Será que a vida é assim mesmo? Será que somos conduzidos pela mão de um Destino incontrolável? Ou somos nós que programamos bem ou mal o nosso dia?

É claro que o dia será aquilo que você quiser ou fizer dele.

Se acorda mal-humorado é porque sua mente já estava carregada de pensamentos negativos, pessimistas, derrotistas.

Quando você levanta com o pé esquerdo, é um deus-nos-acuda! Amarra o burrinho desde a hora de escolher a roupa que vai vestir, xinga quem ocupou o banheiro e deixou a toalha molhada, acha o café frio e o pão envelhecido. Seu dia começa pesado e as pessoas são umas múmias chatas e sem graça. Nem percebe que a múmia é você, que não toma conhecimento das pessoas. Chega ao local do trabalho e os mais avisados já ficam prevenidos: Hoje o homem não está na dele!

Como que arrastado pela correnteza da má sorte, passa o dia trocando os pés pelas mãos e retorna à casa, à noite, descarregando xingações.

Se acontece isso consigo, saiba que foi você mesmo que se programou um mau dia. Amanheceu com seu surrado e velho mau humor, programado há tempos, e nada fez para mudar.

Mas você quer mudar e vai mudar. Quer um dia lindo, alegre, primaveril. E assim será.

## LEVANTE COM O PÉ DIREITO E TENHA UM ÓTIMO DIA

Tudo que você determinar, com convicção, ao subconsciente, ele realiza. Aí está a sua arma.

Já à noite, ao entrar em estado de sonolência, repita mentalmente, como se estivesse cantarolando uma canção de ninar, até adormecer, palavras como estas:

"Eu estou em paz, estou alegre, dormirei um sono saudável e reparador; amanhã acordarei bem-disposto, feliz, tranquilo, em perfeita saúde física e mental".

Está feita a programação. Aja assim todas as noites e o seu subconsciente aceitará a sugestão.

Pela manhã, quando acordar, tome de imediato as rédeas dos seus pensamentos. Não deixe que a mente fique a girar à toa, porque poderão surgir os pensamentos negativos que sempre tiveram livre acesso à sua mente, nessa hora.

Assuma logo o comando da sua mente, antes que algum pensamento aventureiro queira tomar conta de você. Comece a imaginar-se – a força da mente subconsciente é a imaginação – sorridente, alegre, calmo, bem-humorado, vitorioso, em ótimo estado de saúde; agradeça a incrível aventura de estar vivo, vivo neste universo espetacular; veja-se mentalmente saudando a esposa, o marido, os filhos, os pais, os amigos na rua, os colegas de trabalho ou de estudo; diga que este será o melhor dia de sua vida e agradeça desde já o sucesso; sinta-se uma pessoa legal, agradável, benquista, admirada e querida por todos.

Agora repita para si mesmo uma dezena de vezes: bom-dia, bom-dia, bom-dia.

Levante-se em estado de vibração interior. Vá até a janela, respire o ar puro do amanhecer e saúde o dia; não pense demais nas palavras; simplesmente extravase a sua alegria, dando bom-dia ao sol, à chuva, aos pássaros, às plantas, às flores, às pessoas que já estão circulando na rua.

Diante do espelho, sorria para si mesmo. Sim, sorria com vontade e diga que gosta muito de si. Diga que você é um sujeito muito bacana, um cara legal, bem-sucedido, bonitão, simpático, inteligente. E sorria, sorria, sorria. (Mas, cuidado, não vá cortar o rosto ao barbear-se).

Não deixe cair a peteca na hora do banho: mantenha seus pensamentos em alta. Cante, pense coisas boas, anime-se, repita frases de impacto positivo, ligue uma música alegre e que inspire paz de espírito, faça, enfim, qualquer coisa para continuar bem-disposto.

Antes do café, ou após o café, sente-se num sofá e mentalize pensamentos que o ajudarão a ter um dia agradável, saudável e de sucesso.

Tome o seu café descontraidamente, falando só coisas boas e alegres.

Este, sem dúvida, será o melhor dia de sua vida e a sorte sorrirá para você.

E todos começarão a dizer que você é uma pessoa admirável e exitosa.

## A FORÇA IRRESISTÍVEL DO PENSAMENTO NEGATIVO

Eram oito horas e quarenta e três minutos daquela segunda-feira de seis de agosto de 1945. Naquele momento, a primeira bomba atômica explodia sobre Hiroshima, fazendo evaporarem-se instantaneamente 30.000 pessoas. Nos dois segundos seguintes morriam 70.000 pessoas, mas sabe-se que o total de japoneses mortos foi de 240.000.

O poder da bomba atômica!

Antes de usar a força atômica para criar usinas nucleares e aparelhos úteis, o homem a usou para destruir.

Eis aí uma força inaudita que pode ser empregada para duas finalidades completamente opostas.

Você tem uma força atômica dentro de si, que a pode usar em seu benefício ou em seu prejuízo.

Lembro-me agora daquela história do rei e do sábio. O rei sentia-se diminuído porque as multidões acorriam ao sábio a fim de ouvi-lo e pedir-lhe conselhos. Passava noites indormidas, tentando encontrar uma forma de desacreditar o sábio diante do povo. Enfim, veio-lhe uma ideia luminosa e engendrou um plano.

Convocou a corte e mandou chamar o sábio. Logo que o velho chegou, o rei, com um sorriso disfarçadamente irônico, falou-lhe:

- Óh, mais sábio dos homens, tenho escondido entre as mãos o mais pequenino dos pássaros! Dizei-me: ele está vivo ou morto? Ordeno-vos que respondais.

O sábio, cuja argúcia era realmente admirável, deu-se conta do ardil. Entendeu que, se dissesse que o pássaro estava vivo, o rei, no mesmo instante, esmagaria a ave entre as mãos, e, se dissesse que estava morto, o soberano abriria as mãos e simplesmente soltaria o pássaro. Ambas as respostas deixariam o sábio desacreditado.

Enquanto o guru buscava uma solução, o rei indagava-lhe impaciente:
- Então, está vivo ou morto?
A solução lampejou na mente do sábio, que tranquilamente respondeu ao rei:
- Como quiserdes, Majestade, como quiserdes.
Não é preciso explicar-lhe o que eu quero dizer com essa história. A força atômica, que existe dentro de si, pode ser usada tanto positivamente como destrutivamente.
Como você quiser.
Conheço pessoas que se encontram afogadas em pensamentos negativos e então dizem que o poder da mente não funciona.
Um dia, uma senhora me disse que já tinha lido livros sobre o poder da mente, mas que de nada adiantaram. As dificuldades continuavam. Vivia solitária e desanimada. Por mais que se esforçasse, não conseguia se libertar dos pensamentos de ressentimento, de frustração e de injustiças sofridas.
- Nem Deus está dando bola para mim – dizia amargamente. – Deus nem pode estar preocupado comigo. Ele tem muito que fazer. Já me convenci de que esta vida é uma ilusão.
Um senhor, bom católico, me falou, certa vez, que a gente está neste mundo para sofrer e, depois, receber a recompensa no céu. E acentuou que Deus manda calamidades e doenças para purificar a gente, para castigar os maus, e que eu precisava lembrar o que se reza na Salve Rainha: "Bradamos e suspiramos, gemendo e chorando neste vale de lágrimas".
De fato, temos que reconhecer que, desde tempos remotos, a humanidade foi educada negativamente. Já no inconsciente coletivo de muitas gerações está gravado este padrão sofrido de educação.
Experimente fazer uma análise de como foi educado e de como você está educando.
Educação negativa traz resultados negativos, educação positiva traz resultados positivos.
Só por curiosidade, veja uma lista de frases que você ouviu

muitas vezes, e, talvez, já tenha aceito como realidades normais da vida:
*Viver é sofrer.*
*O mal é mais forte do que o bem.*
*A carne é fraca.*
*Somos permanentemente tentados para o mal.*
*Amar é sofrer.*
*Casamento é loteria.*
*A noite é o esconderijo dos bandidos e assaltantes.*
*Não pense que a vida é um mar de rosas.*
*Não acredite nas pessoas.*
*Lágrima de mulher é mentira.*
*É preciso aceitar a doença porque foi mandada por Deus.*
*Ser pobre é ter o reino dos céus.*
*Bem-aventurados os pobres. Ai dos ricos!*
*Já que não pode ser feliz aprenda a conviver com a infelicidade.*
*Cuidado com as amizades.*
*Não saia sozinho.*
*Quem não reza vai para o inferno.*
*Aos maus Deus castiga com o inferno.*
*Não faça isso porque Deus castiga você.*
*Abra os olhos com as pessoas senão você é logrado.*
*Hoje ninguém mais respeita ninguém.*
*A vida é uma luta.*

Há outras frases negativas, que encerram verdadeiras filosofias desastrosas. Por favor, não guarde essas frases. Risque-as definitivamente da sua cabeça.

Existem certas atitudes negativas, também muito comuns, que se transferem de pai ou de mãe para filho. Por exemplo, geralmente os pais dizem NÃO a qualquer pedido do filho, para depois dizerem sim. Outra atitude que você toma frequentemente é: toda vez que traça um plano de vida ou uma meta, pensa apenas nas dificuldades.

Você sabe que é aquilo que pensa. Pense negativamente e sua vida será completamente negativa. Neste caso, estará usando a sua força atômica para destruir seus sonhos de amor, de felici-

dade, de sucesso, de paz e de alegria.
Antes, porém, de passar adiante, limpe a sua mente. Transforme em afirmações positivas todas as frases negativas que leu há pouco. Faça este exercício e despolua a sua mente.

## LIBERTE-SE DO FANTASMA DOS MEDOS

Se existe demônio no mundo, este tem o nome de Medo. Os medos formam a corja dos demônios que atormentam a humanidade. Eles estão em toda parte, penetram sorrateiramente em tudo, e conseguem, frequentemente, se aninhar no fundo da mente das pessoas.

Todo o pensamento de medo tem forte força magnética, que atrai a realidade.

Existem muitos tipos de medos, mas vamos desmascarar para sempre os mais comuns:

MEDO DA POBREZA – Dificilmente se encontra alguém que não tenha medo da pobreza. Veja como as pessoas lutam desesperadamente para amontoar bens a fim de se livrar da pobreza. E, embora fiquem ricos, continuam temerosos. Essa luta atormentada e persistente contra o medo da pobreza provoca estresse, esgotamento e, por fim, o homem acaba adquirindo um desnecessário enfarte.

Você não nasceu para a pobreza. É filho de Deus e tem todo o universo à sua disposição. Mergulhe na riqueza infinita. Tanto a pobreza quanto a riqueza são apenas estados de espírito que geram a realidade correspondente. Não acredito que a religião pregue a pobreza como condição humana, embora existam aqueles que optem pela vida pobre por professarem uma ascese que os satisfaz interiormente. Jesus pregou a "pobreza em espírito", o que é muito diferente de "pobreza econômica ou física". Essa é um estágio transitório, que não deve irritar e nem perturbar a pessoa, mas ser-lhe degrau para alcançar a prosperidade. Acredite na prosperidade e será próspero.

Não tenha medo da pobreza e nem guarde ressentimentos contra os ricos, mas canalize as suas energias físicas e mentais, seus entusiasmos e criatividades, no sentido de crescer sempre mais economicamente.

Se os seus pensamentos constantes forem de abundância, atrairá abundância inevitavelmente.

MEDO DA CRÍTICA – Este é um dos temores mais comuns. O medo da crítica, ou seja, o medo "do que os outros vão dizer" é um demônio devastador. Sufoca talentos, amassa personalidades, destrói felicidades, cria barreiras imensas e aniquila a liberdade e a autoconfiança.

Se você quer ser alguém neste mundo e quer viver a vida na plenitude sonhada, não se deixe vencer pelas críticas.

Se todos tivessem dado ouvidos às críticas, muitas grandes personalidades não o seriam e não existiriam o automóvel, o aeroplano, as viagens espaciais, e até mesmo o homem não teria pisado na lua.

Seja você. Deixe-se guiar pela Sabedoria Infinita, que está no seu íntimo, e siga em frente de cabeça erguida, sem se assustar com as críticas. Passe com a caravana e deixe que os cães ladrem à lua.

Ralph Waldo Emerson escreveu, certa vez, uma mensagem muito importante a que convido você para meditar:

"Acreditar em nosso próprio pensamento, acreditar que aquilo que é verdadeiro para nós, no âmago do nosso coração, é verdadeiro para todos os homens – isto é gênio. Expressemos nossa convicção latente e ela será o consenso universal; pois, o mais íntimo se torna, oportunamente, o mais exterior, e nosso primeiro pensamento nos é devolvido pelos clarins do Juízo Final. Dada a familiaridade que cada qual tem para com a voz da mente, o maior mérito que atribuímos a Moisés, Platão e Milton, é o de que desprezaram livros e tradições e falaram, não do que os homens pensavam, mas daquilo que eles pensavam. Todo ser humano deveria aprender a captar e atentar para o fulgor de luz que lampeja por sua mente, provindo do seu âmago, mais do que o brilho do firmamento de menestréis e sábios. No entanto, despreza ele, instantaneamente, seu pensamento, porque é seu. Em toda obra de gênio, reconhecemos nossos próprios pensamentos rejeitados; eles voltam para nós com uma certa estranha majestade. As grandes obras de arte não encerram lição capaz de nos afetar mais do que isto. Ensinam-nos a sustentar nossa impressão espontânea, com bem-humorada inflexibilidade, mesmo quando todo o clamor de vozes está do outro lado. Do contrário, mais tarde, um estranho dirá com magistral bom senso, precisamente o que sempre pensamos e sentimos, e seremos forçados a receber de outrem, envergonhados, nossa própria opinião".

Há uma voz correta dentro de você, que gosta de si, que quer o seu sucesso e felicidade: é essa voz que deve escutar. E quando tiver que ouvir o que alguém fala, faça apenas com a intenção de confrontar com a palavra verdadeira que brota do seu interior.

Deixe que os outros pensem como quiserem e sejam como quiserem. Apenas não permita que eles tomem conta de você e entrem a decidir no mundo que é apenas seu.

MEDO DAS DOENÇAS – Por certo, você conhece um grande número de pessoas que têm mania de doenças. Outras tantas pessoas não têm mania de doença, mas vivem falando de enfermidade, mortes e remédios. Conheço, ainda, gente que tem tanto medo de doença a ponto de passar o tempo todo comentando enfermidades.

Lembre-se daquela lei da mente: o semelhante atrai o semelhante. Pensamentos de doença atraem a doença. Recear a enfermidade a atrai.

Coloque-se sob a proteção divina e crie a imagem permanente da saúde.

Imagine-se sadio todos os dias e a doença não entrará em seu corpo.

Sua imagem original é sempre perfeita, por isso mantenha-se ligado nessa imagem verdadeira. Não faça existir aquilo que não existe. Risque fora a doença da sua mente e ela desaparecerá da sua vida.

MEDO DE PERDER A LIBERDADE – Conserve a sua mente límpida e serena. O seu mundo é a sua mente e na sua mente só você pode mandar, portanto, mesmo entre quatro paredes, você pode sentir-se liberto e feliz.

A liberdade é um dom interior que lhe pertence. Use-o. Ninguém pode roubar a sua liberdade, a não ser você mesmo. Nunca esqueça que é dono do universo, é o rei da criação, portanto pode estar num lugar e em todos os lugares ao mesmo tempo. Você tem dimensões divinas.

Irradie pensamentos de boa vontade, de harmonia, de paz, de bom entendimento e de fraternidade e esses pensamentos expulsarão toda e qualquer possibilidade de perder a liberdade.

Sinta-se sempre protegido divinamente e ninguém lançará mão contra si.

"Ninguém lançará mão de ti para te fazer mal". (Atos 18.10).

MEDO DE PERDER O AMOR – Este medo produz uma série de distúrbios e tira a paz de espírito. Se vocês dois se amam, são como duas metades que se juntam de forma tão unitária que ninguém pode separar, a não ser vocês mesmos. Cultivem, então, o amor, doem-se mutuamente, mantenham a vida dessa flor maravilhosa e o amor continuará até o fim dos tempos.

É dando que se recebe; dê amor a mancheias e com toda a largueza do seu coração e estará enriquecendo e estreitando cada vez mais o seu amor.

Você nunca perderá o amor do seu coração. Se o seu namorado se foi, se o seu noivo se foi, saiba que você pode perder o amor-de-outra-pessoa, mas jamais perderá o AMOR. Este sempre existe em você, é inesgotável e tende, por sua própria essência, a encontrar a sua outra parte. Não se feche, pois, na solidão e nem viva trancado de medo de perder o seu Amor. Dê vida ao seu amor, ao invés de sufocá-lo. É na liberdade, por incrível que pareça, que o amor mais se desenvolve.

Envolva o seu Amor num círculo de proteção divina e descanse.

MEDO DA VELHICE – A velhice é fruto do seu pensamento. Se mantiver a sua mente límpida, jovem, aberta às inovações da vida, não entrará no estágio da velhice. Seja um jovem de oitenta anos e todos adorarão você. A idosidade é a madrugada da sabedoria, é o momento culminante da grandeza interior. À medida que os anos avançam, você passará a contemplar o mundo de um pedestal mais alto e, na proporção em que diminuem os seus espaços exteriores, aumentam consideravelmente os espaços interiores. Então, nada há para se perturbar. Seja feliz, jovem, alegre, benquisto, agradável, envolvente, atraente, simpático e querido, em qualquer idade. Você está aprendendo, neste livro, a beber o elixir da eterna juventude.

MEDO DA MORTE – Por que você tem medo da morte se a morte não existe? A sua vida não é o seu corpo; a sua vida é o seu espírito e o seu espírito é eterno, perfeito, imortal. A sua Vida é.

"Aquele que crer em mim, viverá eternamente" – já afirmava Jesus.

Na verdade, nada morre em você, nem seu espírito e nem seu corpo. Seu corpo é energia e se transformará em outro tipo de energia.

Além disso, através de inúmeros depoimentos de pessoas que haviam morrido clinicamente e que voltaram a reviver, sabe-se que todos gostaram da nova experiência e sentiram-se maravilhosamente bem na "outra dimensão". Não tenha medo, pois. Esta será uma experiência fascinante, que não significa morte, porque morte não existe.

MEDO DE ASSALTOS – São incalculáveis as pessoas que têm medo da escuridão, de assaltos, de bandidos. Lembre-se que o medo é um pensamento forte, emocionalizado, que atrai a realidade. Coloque-se todos os dias sob a guarda e proteção divinas e nunca mais poderão acontecer acidentes e assaltos com você. Quando disser com fé e absoluta certeza interior: "Deus está dentro de mim, me GUIA e me protege", estará sempre protegido, de tal forma que nada e nem ninguém poderá prejudicá-lo; ao mesmo tempo, você estará sendo GUIADO divinamente, de tal sorte que Deus, que sabe tudo sobre tudo e sobre todos, e que sabe onde está o perigo, há de guiar você por onde só lhe aconteçam coisas boas.

Deixe para trás os medos de assaltos envolvendo-se sob a guia e a proteção divinas. Pela lei do PEDI E RECEBEREIS só lhe acontecerão coisas boas na vida, onde quer que você esteja, aonde quer que você vá.

MEDO DE COBRAS E DE BICHOS – Lembre-se que o homem é o rei da criação. Todos os animais foram criados para obedecerem a você. Os animais hão de ver em você a imagem de Deus, que os criou, por isso não maltrate os animais, domésticos ou selvagens; a esses, domine-os e mande-os saírem da sua presença e eles obedecerão. Sinta-se grande, dono da criação, pois você é a própria Presença Divina manifestada aqui na terra. Tenha a mente convicta e elevada. São Francisco de Assis não convivia com as aves e animais? Daniel não esteve na cova dos leões, que nada lhe fizeram de mal? Ligue-se em Deus, confiante, e você será sempre protegido.

MEDO DE SER PASSADO PARA TRÁS – Puxa vida, como certas pessoas têm medo permanente de serem enganadas nos negócios, nas transações, nos contratos! Ponha na cabeça esta verdade: ninguém pode prejudicar você a não ser você mesmo.

Emerson disse, com razão: "Os homens sofrem ao longo de toda a sua vida por causa da superstição tola de que podem ser ludibriados. Mas é impossível a um homem ser ludibriado por alguém que não seja ele próprio, assim como é impossível uma coisa ser e não ser ao mesmo tempo. Existe em todas as nossas transações um terceiro elemento comanditário. A natureza e alma de todas as coisas incumbe-se da garantia do cumprimento de todos os contratos, de maneira que um trabalho honesto não pode ser desperdiçado. Se você servir a um ingrato, trabalhe com redobrado afinco. Faça de Deus um seu devedor. Todas as atitudes serão recompensadas. Quanto mais tardar a paga, tanto melhor para você, pois a taxa habitual desse erário são os juros dos juros".

MEDO DE NÃO CASAR – Hoje em dia, devido à liberação da mulher e sua independência econômica, este medo já está bastante limitado a um número cada vez menor de pessoas. O medo de não casar era um desastre porque levava a pessoa a escolher às pressas ou a aceitar o que lhe aparecesse na frente. Mas, veja bem, nós vivemos num mundo de dualidade. Se alguém deseja comprar uma casa, por exemplo, existe alguém que tem uma casa para vender; se alguém deseja ter saúde, existe uma força capaz de gerar saúde, assim por diante. Isto significa que, se deseja ter um Amor na vida, existe alguém que deseja amar uma pessoa exatamente como você. É como uma metade que está atraindo a outra metade, cuja união e fusão formam uma unidade perfeita. Só o que você precisa fazer é atrair o seu Amor. Use a Sabedoria Infinita, que está no seu âmago e que sabe tudo sobre todos, para atrair-lhe o verdadeiro Amor da sua vida. E assim acontecerá.

MEDO DO FRACASSO – Este medo geralmente está condicionado por uma experiência que não foi bem-sucedida. Se um negociante não teve êxito ao abrir a sua primeira loja, cada vez que tenta abrir outra sente-se invadido por um temor infundado de fracassar. Estudou bem o negócio, os dados apresentaram ótimas perspectivas, a loja vai indo bem, e ele sempre assustado e pressentindo a iminência de algum fracasso.

Mude desde já essa mentalidade, se for uma pessoa assim. Ligue sua mente no êxito e terá sucesso. O negócio que você abriu agora é OUTRO negócio, nada tem a ver com a situação anterior. Para criar uma imagem positiva mais forte, fixe sua mente nos negócios que lhe deram bons resultados. Vá em frente com coragem, entusiasmo, dinamismo e inteligência. Ponha na cabeça que foi talhado para o sucesso e sinta-se uma pessoa bem-sucedida. Você é um vitorioso. O pensamento positivo atrai a realidade positiva.

Use as suas energias para progredir e confie na Sabedoria Infinita, que habita sua mente.

Há dias, uma jovem me contava que levava quinze dias para fazer compras em São Paulo, para a sua loja, pois estava sempre assustada e temerosa de comprar produtos que ficassem encalhados. Hoje, ela aprendeu a confiar na Sabedoria Infinita do seu ser, pede com toda a fé para que Ela a guie nas compras certas, e o resultado é que está comprando em menos de uma semana e as vendas são bem-sucedidas.

## COMO LIVRAR-SE DOS CHOQUES E TRAUMAS DO PASSADO

Era uma noite de tempestade. A chuva desabava torrencialmente, entrecortada de relâmpagos e trovões.

Numa igrejinha do interior, as moças ensaiavam canto, no coro.

Maria (nome fictício) era uma jovem que gostava demais de cantar e, por esse motivo, demorou-se ainda um pouco no coro, quando as demais colegas já haviam descido a fim de retornarem para casa.

No momento em que Maria descia a velha escadaria de madeira, no interior da torre da igreja, estourou um raio e apagaram-se todas as luzes.

Foi, para Maria, uma situação de pânico, que ficou gravada profundamente no subconsciente.

Hoje, quarenta anos depois, já esquecida do fato acontecido na sua adolescência, Maria me perguntava por que tinha tanto medo de tempestades, trovões e raios.

Nesse episódio, que ela me contou sem dar maior importância, durante a nossa conversa, residia a explicação do seu medo.

Quanto maior é a força emocional de um fato passado, tanto mais facilmente qualquer associação relacionada com o acontecimento produz uma reação desagradável.

Albertina (nome fictício) me relatou que tinha um medo inusitado de ficar trancada no banheiro. Sentia uma sensação tão ruim que não sabia explicar. Não havia aparentemente razão nenhuma para tal atitude, mas a verdade é que se sentia mal se deixasse o banheiro chaveado quando nele entrava. E brigava com as crianças se elas fechassem o banheiro por dentro.

No meio da conversa surgiu a explicação. Alguns anos atrás, quando Albertina estava tomando banho, explodiu um aparelho e saiu uma fumaceira tão grande do chuveiro que ela não conseguia abrir a porta para fugir. Esta situação marcou-a muito, por isso sentia-se inquieta cada vez que entrava no banheiro.

Com o tempo, apagou-se da mente consciente o fato ocorrido, mas o subconsciente continuava reagindo às impressões recebidas e não desprogramadas.

Quando você sente medos infundados, manias, baldas, cacoetes, procure buscar no fundo de sua mente alguma explicação. Sem dúvida, ocorreu-lhe experiência de cujo efeito negativo você não conseguiu livrar-se.

É certo que Maria e Albertina, citadas há pouco, pelo fato de descobrirem a causa de suas fobias, já não terão mais temores de trovões e de recintos fechados. Descoberta a causa, esvazia-se o problema. Mas, também, e isso é importante, não é necessário descobrir a causa: basta daqui para frente você mentalizar que se sente bem em quarto fechado; que gosta de chuvas, raios e trovões; assim por diante. Crie esse novo padrão de pensamento e acredite. Se acredita...assim é.

Veja o que faz um impacto negativo: a Albertina entrara no banheiro milhares de vezes, chaveando a porta normalmente. Mas, bastou acontecer apenas uma ocorrência desagradável e, pronto, a partir daí deixou-se dominar pelo medo. Era um fato negativo contra cinco mil fatos positivos.

Limpe a sua mente, varra fora definitivamente todas essas experiências negativas do passado e, desde já, diga para si mesmo, com convicção: "Eu sou filho de Deus perfeito, estou em absoluta harmonia com Deus, com o universo e comigo mesmo. Todos os acontecimentos passados são degraus na minha subida para o progresso, para a felicidade, para o amor, para a saúde completa, para a abundância total. Sou guiado e protegido divinamente. Agora vivo em paz e o meu futuro será a colheita abundante de todas essas boas coisas que agora estou semeando na mente. Daqui para frente, só me acontecem coisas boas, porque a Luz Divina ilumina todos os meus caminhos. Amém".

## ACABE COM OS PROBLEMAS E VIVA TRANQUILO

O Bonifácio entrou na roda e começou a falar dos problemas de cada pessoa que ali se encontrava. Uma tinha problema de doença, outra tinha problema de casamento, outra de negócios, assim por diante. Havia, no grupo, uma jovem bonita que permanecia calada. Então, o Bonifácio voltou-se para ela e perguntou-lhe:

- E você, senhorita, qual é o seu problema?
- Eu não tenho nenhum problema – respondeu ela.
- Então, venha comigo – disse ele maliciosamente – vou arranjar-lhe um problema...

É uma piada, mas você provavelmente a tem transformado num acontecimento normal de sua vida, ou seja, quando não tem problema trata de arranjar um, pois não está acostumado a viver sem problemas.

Conheço pessoas que são colecionadoras de problemas.

Um amigo me contou que a mulher dele não deixava um dia de desfiar-lhe um rosário de doenças. Era um tal de me-dói-aqui, me-dói-ali, me-dói-acolá. Depois de muita paciência, ele acabou dizendo para a mulher: "Olha, vamos combinar pelo mais fácil: me diz só onde não dói".

Não é difícil perceber que o homem de hoje vive afogado em problemas. Essa anormalidade já se tornou até normal para ele. Muitos, inclusive, aceitam como situação que não pode ser modificada. E quando percebem que os problemas estão tirando a alegria de viver, torturando o sono e acarretando doenças e tensões prejudiciais, exclamam com fatalismo: "Que é que se vai fazer, a vida é assim mesmo!"

Não. Mil vezes não. A vida não é assim mesmo.

Basta dar uma repassada nos problemas de três meses atrás, e você chegará à conclusão de que tudo, ou quase tudo, não passou de "tempestade em copo d'água". Você jogou fora um enorme cabedal de energias e desperdiçou à toa preciosos dias que não voltam mais e que poderiam ter sido a maior curtição da sua vida.

Acabe agora mesmo com os problemas. Risque esta palavra do seu dicionário.

A cada dia, você vai amanhecer em paz, alegre, confiante, determinado a ocupar-se, (não falei preocupar-se), com entusiasmo e otimismo, em seus afazeres.

Por favor, o passado já passou, água passada não toca moinho.

Também está errado preocupar-se com o futuro. Eu disse preocupar-se, note bem. Você daria risada se visse alguém tremendo de frio, mas caminhando de short na rua só porque daqui a alguns meses será verão. Não ria. Está fazendo a mesma coisa quando sofre hoje os possíveis acontecimentos futuros.

Atente bem que a vida não é o passado e nem o futuro.

A vida é hoje. É o presente. Agora. Aqui.

Você é o que é hoje.

Seria ridículo querer obrigar o corpo a fazer a digestão de alimentos que ainda não foram ingeridos. Pois é isto que você está fazendo quando vive preocupado em razão do que o futuro pode lhe trazer de ruim.

Aprenda a organizar a sua vida de forma a sentir-se bem no presente.

O método é simples. Deve ter notado, aliás, que todas as coisas essenciais são simples. As grandes leis que regem o universo são simples. Nada há de complicado no mundo, a não ser aquilo que o homem conseguiu complicar.

## COMO ASSEGURAR UM FUTURO MARAVILHOSO

Quer assegurar um futuro maravilhoso?

É fácil: Viva o presente de maneira maravilhosa. Muito certo, porque aquilo que você semeia hoje, colhe amanhã.

Nada há de incerto no futuro. Ele é a resposta do seu presente.

Não viva se torturando, pois. Arregace as mangas e comece a semear as sementes positivas e construtivas que se tornarão árvores gigantescas e inquebráveis no seu futuro.

Entusiasme-se desde já por aquilo que está fazendo. Plante, plante sem cessar, hoje. Mas, escolha as sementes positivas. Plante sucesso e colherá sucesso.

Se agora você está amargando alguma adversidade, acalme-se, sorria, e, diga para si mesmo que todas as adversidades carregam em si a semente de um benefício maior.

O que interessa para você, portanto, é o presente, porque o futuro é a resposta do presente.

Viva este momento. E viva-o intensamente. Com fé e confiança total.

Se hoje você vai bem, no futuro irá melhor.

Se hoje acredita em si, seu futuro será um sucesso.

Se hoje, e cada dia, se programa para ser feliz, saudável, seguro, agradável, próspero, tudo isso começa a acontecer agora e você colherá no futuro.

Não cultive problemas. Tire-os da mente e eles desaparecerão. Esqueça-os e eles ficarão para trás. Negue-os e eles se evaporarão.

Defina o que quer da vida e siga por essa estrada. Você chega lá com absoluta certeza. A mente subconsciente responde de forma infalível ao que for programado.

"Não andeis, pois, inquietos pelo dia de amanhã; o dia de amanhã cuidará de si mesmo; basta a cada dia a sua lida". (Mt, 6,34)

Dê crédito a essas palavras, pois foram proferidas pelo grande Mestre Jesus.

## CRIE A IDADE QUE QUISER E VIVA-A

O maior engano das pessoas é contar a idade pela soma dos aniversários. É como dizer que uma pessoa tem mais ou menos saúde de acordo com o número de refeições que faz.

Ralph Waldo Emerson, filósofo norte-americano, disse que "nós não contamos os anos de um homem até que ele nada mais tenha a contar".

Para comprovar que não tem o menor fundamento essa maneira empírica de contar a idade, basta olhar ao seu redor. Verá pessoas envelhecidas e desiludidas com vinte anos de idade e verá pessoas brilhantes, magnéticas, com setenta anos.

Não aceite a propaganda constante que fala de velhice, esclerose, inutilidade, aposentadoria, imprestabilidade, dependência.

Isso é mentira.

A idade nada tem a ver com isso.

Você tem a idade do seu espírito.

Você somente está envelhecendo quando acreditar que está envelhecendo.

Os valores mais fortes da vida, que mantêm uma pessoa vigorosa, sadia, jovem, produtiva, não envelhecem nunca. São o amor, a alegria, a paz de espírito, a bondade, a generosidade, a sabedoria, o poder mental, a felicidade, a lucidez, o ideal. E estes bens não são patrimônio exclusivo de uma fase da existência, mas se encontram em todas as idades.

Você tem a idade dos seus pensamentos.

No momento em que perder o interesse pela vida, você está envelhecendo.

Quando deixa de sonhar, está envelhecendo.

Quando não procura mais estender a visão do seu futuro, registre no seu caderno de apontamentos que começou a envelhecer.

Quer saber quando está se aproximando da perfeição? Precisamente no momento em que se fizer simples, leve, agradável, positivo e aberto, como as crianças. O grande Mestre disse: "Se não vos tornardes como crianças não entrareis no reino dos céus".

Tenha, pois, a idade espiritual da criança. Seja livre, confiante, alegre, simples, grato, amável, corajoso e fraterno, como as crianças.

Acredite na vida, como as crianças. Confie nos outros, como as crianças. Viva o presente, como as crianças. Encare o futuro, como as crianças, sem medos e angústias antecipados.

## MANTENHA-SE ETERNAMENTE JOVEM

Você pode e deve manter-se eternamente jovem, ou seja, exuberante, idealista, bem-humorado e cheio de fé na vida.

"Porque como imagina em sua alma, assim ele é". Esta frase consta no livro dos Provérbios, na Bíblia.

De pouco valerão os exercícios físicos e as dietas de beleza se você mantém a mente envelhecida, medrosa, recalcada, repleta de pensamentos negativos e pessimistas.

O envelhecimento começa pela mente. Você fixa na mente a sua idade e o subconsciente vai cumprindo.

Em matéria de idade, eu acho que as mulheres estão certas. Elas gostam de ficar nos vinte e nove anos, embora a soma matemática da idade já esteja além da Cochinchina.

Sim, elas estão certas. Desde que mantenham o espírito ligado na idade que determinam.

Se você já tiver somado quarenta anos e disser aos outros que tem vinte e cinco, trate de manter a sua mente ligada nos vinte e cinco anos. Sinta-se uma pessoa de vinte e cinco anos. Veja-se jovem e sadia como nos seus vinte e cinco anos. Cultive pensamentos positivos e imagine-se no fulgor dos seus vinte e cinco anos. Então, estará falando a verdade quando disser que tem essa idade. A idade se conta pela mente e não pelo calendário. A data do nascimento só vale para abrir um champanha e comemorar novamente seus vinte e cinco anos.

Faça assim e rejuvenescerá. Sentir-se-á cada vez mais jovem, como se uma fada tivesse tocado seu corpo com a varinha mágica.

Claro que você quer manter-se jovem. Quem não o deseja? Pois, então, mantenha a mente jovem e o milagre acontecerá.

Joseph Murphy conta que, certa vez, quando foi proferir palestra em Bombaim, na Índia, apresentaram-lhe um homem que tinha cento e dez anos de idade. E disse Murphy: "Possuía o rosto mais belo que já vi em minha vida. Parecia transfigurado pela radiação de uma luz interior. Havia uma beleza extraordinária em seus olhos, indicando que envelhecera com alegria e que as luzes de sua mente não se haviam obscurecido".

Você pode fazer o mesmo. Seja um eterno jovem. Pelo poder da mente.

## CAPÍTULO II

## MERGULHE NA ABUNDÂNCIA INFINITA

*O seu direito às riquezas
é tão natural
quanto a água que você bebe.*

*P*ara quem imagina você que foram criadas as riquezas do universo?
    Entre numa floresta e ficará extasiado com a exuberância, extravagância e prodigalidade da natureza. Bilhões e bilhões de plantas, bilhões de flores de beleza indescritível, bilhões de frutos, que se multiplicam nas árvores. Olhe, com os olhos da mente, o subsolo e verá minas incalculáveis cuja riqueza pode dar vida farta a todos os seres deste planeta até o fim dos tempos. Vasculhe os oceanos e experimente calcular as riquezas que aí se encontram. Experimente dar um preço para cada estrela da nossa galáxia, e note que, até hoje, não se sabe que utilidade elas têm. Vislumbre o sol e imagine quanto vale a luz, o calor e a vitalidade que ele irradia. Elimine o sol do nosso planeta e a vida terminará. Some os animais, as aves, os peixes, os químicos da natureza, a vida que se expande por toda parte, o ar, os rios, os lagos, o ouro que existe nas entranhas da terra, a prata, o cobre, os minerais, enfim, ponha-se a pensar na inesgotável abundância do universo.
    "Olhai os lírios do campo, como crescem; não trabalham, nem fiam; e, no entanto, vos digo que nem Salomão em toda a sua glória se vestiu jamais como um deles". Quem afirmou isso foi Jesus Cristo.
    Imagine-se agora adentrando a mente humana e calcule as riquezas fantásticas e inesgotáveis que dela podem ser extraídas.

Tudo que você vê por aí é fruto da mente: a geladeira, o rádio, o avião, o trem, a parede, a lâmpada, os móveis, a caneta, a música, os quadros de arte, a literatura, o fogão, o carro, as casas, os satélites, o aspirador, o navio, as usinas, a internet, o celular, o computador, praticamente tudo que está diante dos seus olhos é criação do homem.

## DEUS É O PRIMEIRO RICO

Deus é o maior rico do universo. A criação é obra do Pai.
Sem ter necessidade de materializar a riqueza infinita, Deus criou tudo o que existe e fez o mundo mergulhar na abundância.
Abra a primeira página da Bíblia e leia:
"No princípio criou Deus o céu e a terra... E disse Deus: Faça-se a luz; e fez-se a luz. E disse também Deus: Faça-se o firmamento. Continuou Deus: Produza a terra erva verde que dê a sua semente; e produza árvores frutíferas que deem fruto, segundo a sua espécie, e que contenham a sua semente em si mesmas, para a reproduzirem sobre a terra. E disse Deus, ainda: Façam-se os luzeiros no firmamento do céu. Disse, mais uma vez, Deus: Produzam as águas animais viventes, que nadem nas águas; e aves que voem sobre a terra...

E Ele os abençoou e lhes disse: Crescei e multiplicai-vos, e enchei as águas do mar; e as aves se multipliquem sobre a terra. Disse Deus também: Produza a terra animais viventes, domésticos, répteis e selvagens..."
Olhe, portanto, todas as riquezas do mundo com olhos de alegria e de admiração.

## TODAS ESSAS RIQUEZAS SÃO PARA VOCÊ

"Disse, por fim, Deus: Façamos o homem à nossa imagem e semelhança, o qual presida aos peixes do mar, às aves do céu, aos animais, e a todos os répteis, que se movem sobre a terra, e domine em toda a terra".
"Ora, o Senhor Deus tinha plantado, ao princípio, um pa-

raíso, ou jardim delicioso, no qual pôs o homem, que tinha formado". (Gen.2,8)

Tudo o que foi criado no mundo é para você. Você é o rei da criação. É filho de Deus, portanto o dono do universo. As riquezas infinitas foram criadas para que você as domine e sirva-se delas em abundância. Seria, até, inconcebível que Deus, pródigo, imenso, infinito, cuja bondade extravasa em qualquer gesto, fosse criar filhos da sua estirpe, da sua imagem, do seu próprio ser, filhos das suas entranhas, para viverem na miséria, no sofrimento, na doença, na carência, no temor pelo futuro, ao lado de tanta riqueza e prodigalidade semeadas no mundo. Inconcebível. Ridículo. Inaceitável.

Jamais Deus condenou a riqueza, pois foi Ele que a criou.

Todas as riquezas foram feitas para você, pois o Criador já era rico em si. Ele possuía todas as riquezas do universo ainda antes de criá-las.

Daqui para frente, sinta-se envolvido totalmente pela abundância infinita.

Ao olhar para uma pessoa rica, abençoe-a e alegre-se com ela, pois já está usufruindo dos bens criados para todos os seres humanos.

## RIQUEZA É ESTADO DE ESPÍRITO

Deus criou todo o universo pelo poder da Mente Divina.

Você criará as suas riquezas pelo poder da sua mente. Na verdade, a riqueza, bem como a pobreza, são estados de espírito.

Um campo só pode produzir arroz, feijão, trigo, soja, quando nele se plantam arroz, feijão, trigo e soja. Se plantar na sua terra apenas carrapichos, tiririca, espinheiros e ervas daninhas, não queira colher daí arroz, feijão, trigo e soja, porque não é da natureza da tiririca, do carrapicho, do espinheiro e da erva daninha, produzirem arroz, trigo, feijão e soja.

Assim acontece com você: tudo o que plantar na sua mente, colherá na realidade. A mente é como uma lavoura: o que você planta, isso é o que você colhe.

Se ficar imerso em pensamentos de carência, de pobreza, de miséria, é isso que colherá.

"Seja feita a vossa vontade assim na terra como no céu".

Qual é a sua vontade? Qual é o seu pensamento?

Quero relembrar-lhe a lei mental que diz assim: "O igual atrai o igual". Pensamentos de riqueza atraem a riqueza; pensamentos de pobreza atraem a pobreza.

Você é quem comanda o seu barco. Não se queixe de Deus se as coisas não andam bem. Queixe-se de si mesmo e examine seus pensamentos e crenças. O que você cria na mente, infalivelmente acontecerá na sua vida.

Deus é em você, isto é, Deus só pode agir em você por meio de você. Deus lhe concedeu o próprio Poder e a liberdade para usá-los ao seu bel-prazer. Só que nunca escapará às leis imutáveis que regem o nosso universo: você colhe só o que semeia. Se semear pensamentos negativos, colherá resultados negativos; se semeia pensamentos positivos, de abundância, colherá abundância.

Tudo está em si. Decida-se a viver cheio de bem-estar ainda hoje e ainda hoje "começará a chover na sua horta", como diz um ditado popular.

Deus é rico; você é filho de Deus; logo, você é rico.

## PARE DE CONDENAR A RIQUEZA

Já ouviu falarem do vil metal? Pois é esse o nome que muita gente dá ao dinheiro. Escutei muitas outras afirmações negativas, como essas: "O dinheiro é coisa do diabo; é a desgraça da família; é o corrompedor das pessoas; é um mal necessário; malditos os ricos". Com certeza, deve ter ouvido palestras e sermões condenando a riqueza e enaltecendo a pobreza.

Já tive contato com pessoas que me falam, temerosamente, como se estivessem cometendo pecado, que gostariam de ganhar mais dinheiro a fim de dar mais conforto à família e, inclusive, para ajudar ainda mais as pessoas e obras necessitadas. Mas, apressam-se a acrescentar, como se estivessem cometendo uma

fraqueza:
- Não é que eu queira ser rico. Só o suficiente. O necessário.

Esta forma de pensar leva à interpretação subjetiva de que a riqueza é um mal e a pobreza é um bem.

Há aí um equívoco.

Assim como a saúde é um bem e a doença uma anormalidade na ordem do universo, da mesma maneira a riqueza é um bem e a miséria uma anormalidade na abundância do universo.

O que existe de condenável é apenas o pensamento e o sentimento negativos em relação à riqueza e estes são a ganância, a usura, a exploração, o roubo, a inveja, a rapina, o pessimismo, o sentimento de carência, o ressentimento, a avareza, o medo, o egoísmo, a prepotência.

Veja o peixe nadando alegremente, airosamente. Ele vive no meio da água, que lhe é necessária para a vida e, no entanto, a água não está dentro dele. Faça assim com as riquezas. Viva mergulhado na riqueza, pois ela é um dom divino ao seu dispor, mas não deixe que a riqueza entre dentro de você.

Sinta-se envolvido pela abundância, deseje abundância para poder se mover à vontade, alegremente, tranquilamente. Inunde o seu mundo exterior de bens e faça circular a riqueza para os outros também, assim como o peixe vive na água, vive da água, mas deixa a água para que os demais peixes a usufruam e vivam plenamente.

O dinheiro não é vil, mas é um símbolo da riqueza de Deus. O dinheiro significa a casa, o móvel, a comida, a vestimenta, a floresta, enfim tudo aquilo que está a seu serviço.

Como diz o salmo, "A terra está cheia da benignidade do Senhor".

## POR QUE OS BONS PASSAM PRIVAÇÕES E OS MAUS CONSEGUEM TUDO QUE QUEREM?

Eis aí uma afirmação muito frequente, mas redondamente errada.

Como você já sabe, existe um Poder Infinito, dentro de si, que é acionado pelo pensamento. Toda a causa produz o efeito correspondente. Toda a ação produz a sua própria reação. Quem causa maldades, só pode receber, como consequência, maldades. Amor gera amor, ódio gera ódio.

Jesus Cristo afirmou, certa vez, que toda árvore boa produz bons frutos e toda árvore má produz maus frutos. Então, é impossível alguém enriquecer e ter benefícios quando passa a vida enganando os outros, passando os outros para trás, cometendo injustiças. Não conheço ninguém neste mundo que tenha se beneficiado ludibriando os outros, porque o mal nunca pode produzir o bem. Quando alguém rouba, espolia, explora outrem, na verdade está se roubando e se prejudicando a si mesmo, pois a sua mente está invadida por sentimentos de carência, de agressividade interior, de inquietação, de remorsos, de medos, e o resultado será a perda do que assim tem ganho, se bem que a perda pode ser representada por doenças, insônias, nervosismo, solidão, úlceras, câncer, ou perda de prestígio, perda da harmonia no lar ou de qualquer outra forma. Todo o ato se paga a si mesmo. Nunca enverede por esses caminhos porque se dará mal. Aliás, só entram por essas vias tortuosas os ignorantes, ou seja, aqueles que ainda não aprenderam que dentro deles há uma fonte inesgotável de riquezas, que é abastecida pelo Criador.

Mas, também, não é verdade que os bons padecem necessidade e são, na maioria, malsucedidos.

Você pode ser uma boa pessoa e ser rico, e pode ser uma boa pessoa e ser pobre. Pode ser boa pessoa e ser doente, e pode ser boa pessoa sadia.

Se você é boa pessoa e tem a mente impregnada de pensamentos de pobreza, de carência, é isso que vai colher. Se aprendeu que não deve aspirar riquezas e que o dinheiro é coisa do diabo, seu subconsciente vai atender ao seu pensamento, varrendo de si a riqueza. Não importa se você é bom e reza duzentos terços por dia e se vai à missa todos os domingos. Você colhe aquilo que planta na mente. Qual é a sua oração verdadeira? A sua oração verdadeira é o seu pensamento. Se entende que deve ser pobre, seu subconsciente faz você ficar pobre. Todo o pensamento que o seu subconsciente aceita como verdadeiro, ele move céus e terras para torná-lo realidade física.

Por outro lado, você pode ser uma pessoa boa e mergulhar na abundância divina, que jorra amorosamente para você como chuva torrencial.

## VOCÊ NÃO É POBRE PORQUE OS RICOS SÃO RICOS

Ponha diante de si um balde de água. Agora reúna duzentas pessoas em fila e faça com que, uma por uma, tirem um copo de água para beber. Se os primeiros tirarem o copo cheio de água, os últimos não terão água para matar a sede. Pois, é bem assim que muita gente pensa a respeito da riqueza. Acham que muitos não têm nada porque outros têm muito, e a solução seria nivelar todos por baixo, ou seja, na pobreza.

Esse é um pensar mesquinho, tacanho. É supor que as riquezas do universo sejam limitadas.

As riquezas são inesgotáveis e todos podem extraí-las para seu benefício e para benefício de toda a humanidade.

Se vê alguém saindo do banco com um milhão de reais, fique feliz e diga: Isso é maravilhoso; tomara que ganhe muito mais.

É errado e doentio ficar com inveja e raiva dos que têm. Este ressentimento fará com que você permaneça na pobreza, porque não pode atrair para si aquilo que condena nos outros.

Quanto mais você abençoa a riqueza dos outros, mais a atrairá para si.

Quanto mais acredita nas riquezas infindáveis do universo, mais riquezas atrairá para si.

Quanto mais aceitar que as riquezas da terra estão à sua disposição, mais rapidamente as atrairá para si.

Se existem ricos ao seu redor e você é pobre, isto prova apenas que você pode ser rico como eles, e até muito mais, se assim o desejar.

Olha, só condena as riquezas quem tem maldade no coração e faria maldades com as riquezas.

Já lhe disse e volto a repetir: a riqueza, em si, é um bem. O uso dela é que pode ser benéfico ou maléfico. Não é porque alguns usam mal a riqueza que esta deva ser condenada. Neste caso, deveríamos combater a alimentação porque alguns fazem mau uso da alimentação; deveríamos dizer que o sol não presta, porque alguns há que se queimam ao sol.

O valor do dinheiro está no serviço que ele pode prestar a você. Portanto, amontoar dinheiro só por amontoar, sem dar-lhe qualquer finalidade, é avareza, é um mal.

Está pensando certo quando imagina – e a força do subconsciente está na imaginação – a riqueza fluindo aos borbotões para si, circulando por você, e seguindo adiante. Você é o universo e, ao mesmo tempo, é parte do universo. Receba os bens, use-os à vontade, transforme-os, e devolva-os à livre circulação novamente.

## LIBERTE-SE DO ESPÍRITO DE CARÊNCIA

Todo dia você é tentado a entrar no círculo dos pessimistas, aqueles que apregoam que a situação vai mal, que o petróleo está roubando tudo o que você ganha, que a inflação está comendo você por uma perna, que a crise mundial vai nos levar à fome, que os impostos estão nos corroendo pela beirada, assim por diante.

Lembre-se que, enquanto ficar aí criticando Deus e todo mundo, inúmeras outras pessoas continuam enriquecendo. Não esqueça que, mesmo em épocas de depressão, como durante a segunda guerra mundial, muita gente continuou ganhando mais e mais.

Entenda que você nasceu para viver na abundância. Esta é a sua única verdade. O resto é ilusão. Não alimente pensamentos de revolta, de pessimismo e de carestia, porque é isso que atrairá. Também, não pense que só poderá progredir dando murro e trabalhando como um desgraçado. Faça a riqueza fluir naturalmente para você. Ela lhe pertence. Mergulhe no rio mental da fortuna.

Não crie imagens negativas sobre seu estado financeiro. Evite pensar: "Puxa vida, não posso pagar o aluguel, não tenho dinheiro para essa duplicata, não vai dar para comprar essa roupa ou esse vinho; tudo está tão caro; estou passando fome; estou de mal a pior".

Substitua todo pensamento negativo por afirmações decididamente positivas: "Eu tenho sempre tudo o que necessito e todas as minhas necessidades são plenamente satisfeitas".

Diga muitas vezes por dia, até impressionar vivamente o seu subconsciente: "As riquezas de Deus estão jorrando para mim e todas as minhas contas são pagas devidamente e sempre me sobra a abundância infinita. Deus é meu Pai e provê o melhor para mim".

Ao receber uma conta para pagar, agradeça de imediato por já ter em si o dinheiro para pagá-la, e imagine-se tomando o dinheiro necessário no seu Banco Divino.

Não precisa pedir desesperadamente dinheiro a Deus e nem precisa implorar um milhão de vezes, fazendo mil promessas e penitências para alcançar o que necessita. Este tipo de ato significa que há dúvida dentro de si e revela que há medo de não receber. Elimine todo e qualquer pensamento negativo.

Deus sempre atende a você e não pode deixar de atender. Você está usando uma lei que nunca pode falhar e nem Deus a pode modificar. Não é que não possa realmente, é que determinou que o processo é esse.

Todo o pedido já vem junto com o provimento. Esta é a lei da opulência. Quando você pede, já está, ipso facto, atendido.

### FIXE SEU PENSAMENTO NA RIQUEZA E ELA VIRÁ SEM FALTA

Certo dia, veio conversar comigo um empresário. Estava arrasado. Profundos sulcos na fronte indicavam claramente o resultado do seu balanço financeiro. O desânimo o agarrava de tal

forma que não via saída nenhuma para seus negócios.
- Sou um derrotado – confessou-me ele.
- Se você quer, subirá novamente – assegurei-lhe.
- Já tentei três vezes e três vezes fracassei.

Lembrei-me, nessa hora, das palavras de Emerson, quando disse que o homem é aquilo que pensa o dia inteiro. Aliás, o profeta David já havia afirmado a mesma coisa há quatro mil anos: "Aquilo que o homem pensa com todo o fervor, aquilo ele é".

Este comerciante permitira que a impressão negativa do seu primeiro fracasso tomasse conta da sua mente, de tal maneira que, quando tentava um novo empreendimento, já o fazia com o pensamento fixado no insucesso anterior. Uma voz íntima lhe dizia ao ouvido: "Não adianta, você não dá para isso. Vai fracassar de novo".

Cumpria-se nele a lei da ação e reação. O pensamento é a ação e a resposta do subconsciente é a reação.

Lembrei a ele o velho provérbio segundo o qual cada um colhe o que semeia.

O que é que semeava constantemente aquele senhor? Nada mais que pensamentos de fracasso e incompetência.

É importante notar que o subconsciente não seleciona os pensamentos assim como a terra não seleciona as sementes que nela são jogadas.

Nunca pense em fracasso. Jogue na poeira do passado toda e qualquer experiência negativa.

Se lhe aconteceu algum negócio que não foi bem, encare apenas como um episódio que encerra a semente de um benefício maior. Não há motivo para perturbar-se, quando você acredita que todos os caminhos o levam definitivamente para o sucesso.

Ponha na cabeça que a distância entre o fracasso e o sucesso, entre a vitória e a derrota, é mínima. Torna-se fácil, portanto, sair da derrota e passar para a vitória.

Preste atenção na próxima corrida automobilística de fórmula um e verá que a distância entre o vencedor e o perdedor é de apenas um ou dois segundos. Vá a uma corrida de cavalos e verá que o cavalo tal ganhou apenas de cabeça, de pescoço ou de orelha. Na copa do mundo de 1978, realizada na Argentina, este país ficou campeão do mundo, embora o Brasil tivesse alcançado o mesmo número de pontos.

O que eu quero dizer com isto é que, se hoje você está na pior, não se julgue um condenado, um incapaz, um pobre coitado, pois você está apenas a um passo dos homens de sucesso.

Um detalhe muito importante, que talvez lhe tenha passado despercebido: não existe fracasso; existem apenas experiências que não deram certo e que, por sua vez, ensinam você a encontrar o caminho correto. Toda experiência, não importa o resultado, é sempre positiva se você a encarar como lição de vida.

Siga em frente, portanto. Siga em frente. As portas da riqueza e do sucesso continuam abertas para você.

Se até hoje não foi bem, a partir de agora começará a ser um vencedor, desde que os pensamentos de fé no sucesso estejam eletromagnetizados pelo entusiasmo e pela certeza da vitória.

Aquele homem, cuja história contei há pouco, me perguntou:

- Mas, como posso pensar em sucesso se estou fracassado?

Eu lhe disse que quando a gente está com dor de cabeça não deve esperar passar a dor de cabeça para, então, tirar a dor. Se a gente está com dor de cabeça, nada mais óbvio do que usar o poder curador existente no íntimo de cada um (ou o remédio) para fazer passar a dor.

O fracasso deve ser encarado de imediato como um fato passado; hoje já é outro dia e agora deve sentir-se mergulhado na abundância, na riqueza e no sucesso. Não há carência para quem está mergulhado em Deus, que é a riqueza infinita.

Sugeri àquele homem que orasse todos os dias, algumas vezes por dia, o seguinte: "Deus é meu novo sócio e com este sócio agora estou progredindo maravilhosamente. Sou guiado divinamente nos negócios e a Riqueza Infinita me provê tudo de que necessito para pagar as contas e prosperar largamente. Muito obrigado. Muito obrigado".

William James, grande psicólogo americano, disse o seguinte: "Em quase todo o objetivo, nosso entusiasmo por ele nos livrará do malogro. Se nos interessarmos bastante por um resultado feliz, nós, com certeza, o alcançaremos. Se quisermos ser ricos, seremos ricos; se quisermos ser bons, seremos bons. Só temos, então, de querer realmente tais coisas, e de não querer, ao mesmo tempo, com igual veemência, uma centena de outras coisas incompatíveis."

## COMO PROGREDIR NO EMPREGO

A sua mente é um cabedal inexaurível de riquezas e essas riquezas você vai oferecê-las à empresa em troca do pagamento justo que lhe dá em contrapartida. Você vai empregar a sua inteligência criadora para levar à frente o empreendimento; vai empregar a Sabedoria Infinita, que existe dentro de si, para dar os melhores resultados à empresa; vai impregnar o ambiente de trabalho com a sua aura positiva e benéfica; vai irradiar entusiasmo e sucesso; vai multiplicar a capacidade produtiva da firma. Ora, sem dúvida, você será largamente recompensado. Ao entrar num emprego pense sempre em ser o melhor, não em termos de rivalidade competitiva, mas em termos de produtividade, e você progredirá a olhos vistos. O trabalho produtivo rende ótimos salários.

Deseje progredir no emprego, mas nunca o faça procurando derrubar quem está acima de você. Há uma maneira muito fácil e correta de chegar ao cargo ocupado pelo seu chefe: ajude-o com honestidade e sinceridade a subir. Ele subirá um cargo à frente e você será chamado a ocupar o cargo vago deixado por ele. Poderá ocupá-lo, até mesmo, com o apoio e indicação do seu chefe. Essa é uma forma correta, humana e hábil de progredir no emprego.

Acredite na sua capacidade. Emerson já havia escrito: "Em realidade somos mais do que conhecemos de nós próprios e, com frequência, ouvimos sair de nossos lábios coisas que não acreditávamos ser capazes de dizer".

Seja, no seu trabalho, sempre ponto de apoio, de união; ponha fé e amor no que está fazendo; seja agradável, comunicativo, amável, benevolente; respeite a opinião dos outros, mas acredite nas suas ideias; acredite no seu valor; ofereça toda a sua capacidade em benefício da organização que está servindo. Você sempre receberá a devida paga, se não for hoje, será amanhã com juros e correção monetária.

Sempre acredite que está progredindo, ganhando mais. Imagine que pode mais e produza mais. Mesmo que a firma não tenha padrão mais alto de salários, você conseguirá salário melhor. Siga em frente, que o seu subconsciente, ao aceitar a sua ideia correta de que vale mais, se encarregará de encontrar o meio pelo qual ganhará mais.

Não fique aí ressentido e amargurado com os colegas, que sobem de cargo. Como pode você progredir se está condenando nos outros o que deseja para si? Mesmo que colegas tenham subido sem competência, a você isso não traz injustiças porque você há de subir sempre, independente do que acontece com os outros.

Se ficar amargurado, negativo, revoltado, com a boca cheia de críticas, na verdade estará se prejudicando a si mesmo, estará se magoando a si mesmo, pois todo o pensamento dirigido a outrem começa por existir e acontecer dentro da própria pessoa. Assim, estará cavando a sua própria demissão. É bom supor que ninguém é demitido: é o próprio indivíduo que se demite através de um processo negativo de sentimentos. O chefe não estará fazendo outra coisa que dizer: Já que você não se sente bem aqui e deseja sair, aceito a sua demissão.

Uma vez, eu vi este letreiro numa plaqueta sobre a escrivaninha de uma jovem: "Tudo o que desejo para mim desejo para todas as pessoas".

## ALGUNS PASSOS PARA VOCÊ CONSEGUIR RIQUEZAS

Entenda, em primeiro lugar, que tudo o que você quer, ou necessita, existe.

Todas as coisas lhe são dadas de acordo com o pensamento. Ninguém é pobre por azar e ninguém é rico por sorte. A Mente Infinita atende a cada um conforme seus pensamentos.

Se deseja alguma coisa, crie-a mentalmente, peça-a, acredite que já está recebendo, e tudo acontecerá de acordo.

Para livrar-se da incerteza e da dúvida, medite e pergunte à Sabedoria Infinita se há alguma razão para não ter o que deseja.

Agora, crie o quadro mental daquilo que pretende e mentalize constantemente, até receber. Você receberá, infalivelmente.

Formule o pedido positivamente. Mantenha uma atitude serena, confiante e certa.

Peça especificamente o que deseja. Se deseja emprego, não peça dinheiro; se deseja dinheiro, não peça emprego; se deseja uma viagem, peça a viagem e não o dinheiro para a mesma. Crie o quadro mental exato daquilo que quer alcançar e deixe que o subconsciente providencie como você chegará lá.

Não seja um pedido vago, indefinido. Peça e mentalize quando estiver dominado por um desejo forte. Crie emoção e sentimento. A necessidade ou prazer que causará a obtenção do pedido pode ser de muita força emocional.

Repita com frequência, com sentimento e com persistência, e busque conservar a imagem mental do que deseja.

Saiba que o subconsciente reage melhor quando você estiver em relax. Quanto mais calma e passiva estiver a mente consciente na hora de formular o pedido, tanto melhor.

Não se ponha a especular sobre o tempo que demorará em ser atendido. Será atendido. Você será atendido.

Agora comece a agradecer. Diga: "Muito obrigado, meu Deus, pois tu ouviste a minha oração. Tu sempre ouves o meu pedido. Estou sendo atendido, em teu nome. Muito obrigado".

## MÉTODOS QUE VOCÊ PODE USAR COM SUCESSO

Um momento muito importante para mentalizar aquilo que deseja é à noite quando vai dormir. Coloque-se numa posição confortável, relaxe e fique mentalizando na sua tela mental aquilo que deseja; adormeça com a mente ligada nesses pensamentos. O seu subconsciente, nesta hora, está mais receptivo e pode ser até que você tenha a resposta em sonhos.

Outro método que pode empregar com proveito, em qualquer hora do dia, é sentar-se numa posição bem cômoda, fechar os olhos e ver mentalmente como já acontecido aquilo que deseja. Se quer adquirir uma casa, imagine-se, nesta hora, pagando o valor da casa ao vendedor e entrando muito contente na residência. Imagine até, se quiser, a localização dos móveis. O subconsciente, que não distingue entre realidade e imaginação, transformará sua imaginação em realidade física.

Se deseja aumento de salário, imagine que seu patrão o está chamando e lhe dizendo: "Olha, você é um funcionário muito eficiente, por isso vou aumentar-lhe o salário". Veja-se diante da escrivaninha do seu chefe e ele lhe falando isso, com a cadeira reclinada para trás, cheio de bom humor.

Se deseja progredir na vida, fixe a sua mente numa palavra ou frase e a repita algumas vezes por dia, com sentimento. Por exemplo, mentalize: *"RIQUEZA E SUCESSO"*. Simplesmente: *"RIQUEZA E SUCESSO"*. Também, você pode optar por dizer a si mesmo com fé e gratidão: "Eu sou rico, eu sou muito rico".

O que você cria na mente acontece.

## O QUE VOCÊ DÁ, RETORNA

Quando vai fazer uma doação, ou dar esmola, liberte-se definitivamente da sensação de perda, que lhe acomete toda vez que se desfaz de algo. Lembre-se que sentimento de perda, ou de carência, cria imagem de carência na mente.

Ao fazer sua doação, faça-a com prazer redobrado, certo de que tudo o que você dá com amor, com boa vontade, a Riqueza Divina volta a preencher o espaço vazio automaticamente e com mais abundância.

Acredite que a Abundância Infinita está sempre fluindo para você, como uma chuva que nunca para de cair: por mais água que você recolha da chuva, sempre a sua vasilha estará se enchendo novamente e transbordando. Este é o sentimento que deve ter ao dar contribuição para a igreja, para a escola, para instituições beneficentes, para programas de utilidade pública, para promoções caritativas, para pessoas necessitadas.

Jesus Cristo já dizia: Dai e dar-se-vos-á.

Aquilo que você dá, não só retornará a si, mas retornará multiplicado. Abençoe, portanto, a sua dádiva e faça-a com imensa alegria e com gratidão, porque você será o grande beneficiado.

Apenas para evitar equívocos: quando você dá sua esmola, não estará esperando retribuição da parte de quem a recebe, mas de Deus, que responde infalivelmente à imagem de abundância criada na sua mente.

## A SABEDORIA INFINITA ME GUIA

Aposte sempre na sua capacidade natural. Se não acredita que sua inteligência está ligada na Inteligência Infinita, estará perdendo uma força incomensurável.

Não use como argumento em defesa de sua situação precária o fato de não ter cursado faculdade, ou de não ter podido especializar-se.

Há inúmeros formados que não progridem e há inúmeras pessoas que acreditaram na sua boa estrela, na sua capacidade, nos seus dons que emanam do Infinito, e são milionárias.

Você agora dispõe de uma Força Extra. Não está usando apenas a mente consciente; agora está usando a força irresistível do subconsciente em cujas profundezas situa-se o Poder Infinito.

Charles Goodyear não tinha formação científica e utilizou aparelhos rudimentares, como fogão de cozinha, para fazer seus experimentos. Mas ele tinha convicção e fé naquilo que desejava alcançar. Nem mesmo a carência financeira e os contratempos da vida o fizeram jogar num canto da mente suas ideias. E foi assim que ele descobriu o processo de vulcanização da borracha, que se tornou o marco da indústria borracheira moderna. Hoje Goodyear tem dezenas e dezenas de grandes fábricas modernas espalhadas pelo mundo e suas vendas vão a bilhões de dólares anuais.

Henry Ford, inventor dos carros da famosa marca Ford, também não era letrado.

Thomás Edison, criador de inúmeros inventos, foi considerado como de curtíssima inteligência.

Você também deve acreditar em si. Você tem a inteligência dos gênios. Use-a em seu benefício e em benefício dos outros. Invoque a Sabedoria Infinita, que habita seu ser, e suas decisões serão sempre para o seu progresso.

Alguns anos atrás, um velho médico do interior foi à cidade e entrou numa farmácia para tentar vender ao farmacêutico uma fórmula de bebida escrita num papel surrado, juntamente com um tacho antigo e uma pá de madeira. Conversaram, conversaram, e saiu o negócio. O farmacêutico entregou ao médico quinhentos dólares e o velho deu-lhe o papel que continha uma fórmula secreta. O médico saiu feliz, pois conseguiu vender suas bugigangas e o farmacêutico ali estava, com a mente exaltada, porque empregou nesse negócio as suas economias. Na verdade, o que valia o tacho velho, a pá de madeira e um pedaço de papel? Nada. O inteligente farmacêutico comprara apenas uma ideia por quinhentos dólares.

A essa fórmula, que para o médico já não servia mais, o farmacêutico acrescentou um ingrediente milagroso e foi esse ingrediente que fez brotar de dentro do velho tacho uma das fortunas mais suntuosas do mundo. Até você já contribuiu para aumentar essa fortuna simplesmente incalculável. Toda a vez que tomar uma coca-cola, lembre-se desta história. Foi assim que começou a indústria da coca-cola.

Dê vida às suas ideias. Siga em frente com fé. Aguce a criatividade que existe no seu âmago e veja, onde quer que você

passe, rios de fortuna jorrando em sua direção.
Deixe que sua mente o ajude e vá em frente.
Só fale em sucesso.
Só fale em felicidade.
Só fale em prosperidade.

## EU SOU ASSIM PORQUE QUERO SER ASSIM E ME SINTO FELIZ

Você, talvez, a essas alturas, poderá estar pensando o seguinte: Está tudo muito bem, mas Jesus Cristo era pobre. A virtude está na pobreza. E seguindo Jesus Cristo há essa legião imensa de sacerdotes e freiras e santos e santas.

Em primeiro lugar, Jesus não era pobre. Simplesmente, não era pobre. Como pode ser considerado pobre quem é Filho de Deus, uno com o Criador do mundo? Ouviu falar alguma vez que Jesus não tivesse alimentos para as suas refeições e roupas para vestir? O Rabi se sentia liberto das preocupações porque nada lhe faltava. Ele adorava a vida que levou. Percorrendo as regiões da Judeia, da Galileia, da Samaria, da Cesareia, sentia-se imensamente feliz, uno com a natureza e com o universo, levando a todos a sua palavra de amor, de fé, de compaixão, e estendendo a todos o seu poder de curar. O Nazareno viveu imerso nas riquezas do amor, da paz, tendo como casa o mundo e como teto a imensidão azul do céu. Ele escolheu essa vida e sempre se sentiu bem.

Da mesma maneira, o sacerdote e a freira levam uma vida escolhida espontaneamente. Cada um vive como quer. Se alguém deseja viver numa torre e se sente feliz, faça como desejar. Toda pessoa é dona de si mesma e há de buscar seus próprios caminhos de felicidade e realização. Aos outros não cabe julgar. Se eu quero viver no mato, vestindo peles e me alimentando de mel silvestre e frutas, passando os dias em contemplação com a natureza, e isso me deixa feliz, faço-o, pois a vida é minha e quero usufruí-la ao máximo. Mas, se eu estiver vivendo essa vida temeroso, carente, sofrendo privações, nervoso e desgostoso, então essa atitude não é boa, pois não me deixa feliz. São Francisco era pobre, São Luiz IX era rei da França.

Cada um pode escolher a vida que desejar, mas isso não significa que seja o único modelo de vida a ser ensinado e aplicado.

Você pode ter apenas um real no bolso e ser tão avarento, tão revoltado, tão doentio quanto um rico que não soubesse empregar corretamente seus bens.

Escolha a vida que deseja e viva com intensidade, com amor, com entusiasmo, com alegria e em paz. Onde quer que se sinta bem, seus olhos brilharão de um brilho divino, compassivo, benevolente e amoroso.

A riqueza infinita está aí à disposição de todos e você vai servir-se dela como quiser, na quantidade que quiser.

## O SONHO QUE SE TORNOU REALIDADE

"Sonhei – começou a contar aquela senhora – que, em uma vila que se resumia numa só rua, quatro homens arrastavam, com sacrifício, um saco cheio de dinheiro. Havia uma etiqueta com o nosso nome no saco. Quando acordei, lembrei-me imediatamente do sonho, sentindo profundamente que estava relacionado com um belo progresso financeiro a me esperar. Fiz várias tentativas, joguei isto e aquilo, mas nada. Passou algum tempo. Eu já não estava mais ligada quando o meu marido me falou novamente de uma ideia que há tempos ele mantinha: abrir uma lojinha num lugarejo idêntico a esse do meu sonho, porém ele se sentia inseguro em fazer tal negócio. Foi neste dia que me senti verdadeiramente emocionada, porque era chegada a hora. Senti o lampejar do meu sonho a me falar novamente, mas agora era tudo muito claro, tudo havia se encaixado de tal forma que eu tive certeza de que era esse o negócio que precisávamos fazer para conseguir realmente muito dinheiro. E deu certo. Em nove meses o nosso capital quadruplicou".

Veja que até por sonhos você pode abrir os caminhos da riqueza. Deixe os canais de sua mente ligados e a voz do subconsciente vai revelar-lhe o caminho.

# CAPÍTULO III

# COMO USAR O PODER CURADOR QUE HÁ EM VOCÊ

*"Vai em paz,
a tua fé te curou".*
Jesus Cristo

*V*ocê foi criado para ter saúde.
Na verdade, nasceu perfeito e continua a ser sempre perfeito, porque a sua vida é o seu espírito e no espírito não existe imperfeição. O seu espírito é a própria Presença Divina, por isso ele é eterno e perfeito.

Deus é o oceano e você uma gota do oceano, mas essa gota é o oceano, contém a essência do oceano.

Embora esteja doente, a sua imagem verdadeira continua sendo perfeita. Ligue-se nesta imagem verdadeira e voltará ao estado de perfeição, que é a saúde.

Veja que o normal e o natural é ter saúde. A doença é uma anormalidade e toda anormalidade pode e deve ser eliminada.

É mais fácil ter saúde do que ter doença.

Deus nunca lhe manda doenças e provações, porque em Deus não existem doenças e provações.

Diz a Bíblia, pela voz de São Paulo, o seguinte: "O dom dado por Deus é a vida eterna".

Comece a acreditar que em você há uma energia eterna, que é a própria Força Divina.

Seu corpo sempre reage aos estímulos da mente, por isso, se ele for mantido permanentemente em estado de ordem e harmonia, não se corromperá.

Examinando mais profundamente o funcionamento do corpo humano, alguns pesquisadores médicos chegaram à conclusão de que é mais fácil explicar porque os humanos deveriam viver para sempre do que porque deveriam morrer.

O Dr. Paul C. Aebersold, que há alguns anos foi o diretor da Divisão de Isótopos da Comissão de Energia Atômica, disse o seguinte: "Os médicos costumavam pensar sobre o corpo como sendo uma máquina que ingere comida, ar e água, principalmente, como combustível, para continuar operando. Apenas uma pequena parte, segundo se pensava, era para a substituição do desgaste da máquina. As investigações feitas com isótopos têm demonstrado que o corpo, ao invés disso, é muito mais parecido com um regimento militar muito fluido, que pode reter seu tamanho, sua forma e sua composição, muito embora as pessoas nele estejam mudando continuamente, agregando-se a ele, sendo transferidas de um posto para outro, sendo promovidas ou rebaixadas, atuando como reservas, e, por fim, partindo depois de algum tempo de serviço.

Estudos de traçados mostram que a transformação atômica do nosso corpo é bem rápida e bem completa. Em uma semana ou duas, a metade dos átomos de sódio será substituída por outros átomos de sódio. O caso é similar quanto ao hidrogênio e o fósforo. Do mesmo modo, a metade dos átomos de carbono será substituída dentro de um mês ou dois. E assim prossegue a história para quase todos os elementos... Em um ano, aproximadamente 98% dos átomos, agora existentes em nós, serão substituídos por outros átomos, que assimilamos do ar, alimento e bebida".

Perceba que o seu corpo não é uma criatura frágil, mas age através de uma energia que foge à nossa explicação.

Que importa, então, se você tem sete anos, ou setenta ou setecentos? Na verdade, seu corpo, pelo menos teoricamente, tem um ano de idade.

Isto há de fazer você acreditar na capacidade de recuperação do seu organismo e na capacidade que você tem de manter a eterna juventude, sonho de todas as gerações que já pisaram a terra.

## NÃO CASTIGUE O SEU CORPO

Seu corpo é, originalmente, perfeito, saudável, vigoroso. Seu corpo é você. Existe perfeita interação entre você e o seu corpo. Sua mente age e seu corpo reage. Portanto, queira bem ao seu corpo. Ame-o. Não o perturbe e nem o castigue, gerando pensamentos negativos e destrutivos em sua mente.

Como o corpo reage aos estímulos da mente, se você mantiver pensamentos de tristeza, de mágoa, de inveja, de ódio, de raiva, de depressão, de angústia, de carência, de solidão, de egoísmo, de vingança, de ciúmes doentios, de malquerença, de pessimismo, de discórdias, de ganância, de avareza, de orgulho, de nervosismo, de aflição, de preocupação, de desilusão, de fracasso, de desamor, de descrença, esses pensamentos produzirão desajustes e desarmonias no corpo e daí nascem as doenças.

Veja o que acontece quando você alimenta, por exemplo, um pensamento de raiva: rubor na pele do rosto, dilatação das pálpebras, manchas vermelhas no branco dos olhos, concentração e enrijecimento dos lábios, endurecimento do maxilar, crispação das mãos, tremor nos braços, modificação na voz. Mas as reações mais desastrosas acontecem no interior do seu corpo: o sangue coagula muito mais depressa que normalmente; o número de células sanguíneas aumenta para cerca de meio milhão por milímetro cúbico de sangue; os músculos que contornam o estômago e todo o aparelho digestivo sofrem espasmos que podem provocar fortes dores abdominais; há aceleração violenta nos batimentos do coração; a pressão sanguínea sobe brusca e violentamente, podendo até explodir algum vaso do cérebro; as artérias coronárias contraem-se, enrijecem, tanto que, em algumas ocasiões, podem provocar angina do peito ou trombose.

Há outros efeitos negativos, mas, por esses, você começa a acreditar que o corpo é o súbdito da mente.

Mente doente, corpo doente.
Mente sadia, corpo sadio.

## TRÊS PASSOS PARA A CURA

Você é uno com o Pai, que é Deus, que é a Perfeição, a Saúde, a Alegria, o Amor, a Harmonia, o Bem-estar, a Paz, a Felicidade.

Toda vez que revitalizar essa união com o Pai, você entrará em estado de harmonia mental e, consequentemente, produzirá saúde no corpo.

Diz a Bíblia: "Apega-te a Deus e tem paz; e assim te sobrevirá o bem". (Jó.22,21).

Quando você entra em estado de paz, automaticamente entrará em estado de saúde.

Lembre-se que Deus não deseja a sua doença e nem o seu sofrimento, porque Deus é perfeito e perfeição é saúde.

Quando você reza, no Pai Nosso: "seja feita a vossa vontade assim na terra (corpo), como no céu (mente)", significa que quer estar conforme com a vontade do Pai, que deseja a perfeição, tanto na mente como no corpo. Portanto, a vontade do Pai é a saúde. E para você alcançar a saúde do corpo, faz-se necessário alcançar antes a saúde da mente, ou seja, estabelecer em sua mente pensamentos positivos.

Três passos importantes você deve dar para alcançar a cura da sua doença: em primeiro lugar, remova da sua mente todo sentimento negativo de medo, dúvida, desconfiança e de desarmonia; em segundo lugar, substitua esses pensamentos negativos por pensamentos de harmonia, de perfeição, de saúde, de interação entre a sua mente e a Mente Divina; em terceiro lugar, faça um quadro mental do corpo plenamente saudável. Daqui para frente, só existirá esta verdade: seu corpo restabelecido, saudável, funcionando na justa e reta ordem divina.

A cura é infalível, pois toda a imagem verdadeira e unívoca enviada ao Pai, que habita o subconsciente, se transforma em realidade física.

Joseph Murphy, no seu livro *Os Milagres da Mente*, afirma: "Lembre-se que seu corpo possui um mecanismo orgânico que reflete o entrosamento do consciente com o subconsciente, ou seja, o voluntário (sistema nervoso cerebrospinal) e o sistema nervoso autônomo. Esses dois sistemas podem trabalhar isoladamente ou em sincronia. A ligação desses dois sistemas é feita pelo nervo vago".

Jesus disse, certa vez, que, quando dois estiverem orando em seu nome, ele estaria no meio deles; isto pode significar que, quando um pensamento é aceito harmonicamente pela mente consciente e subconsciente, este pensamento é atendido. Quando há perfeita interação entre a mente consciente e subconsciente, há sintonia entre você e o Pai que habita seu íntimo e, neste caso, infalivelmente a oração é atendida.

## ACALME A MENTE CONSCIENTE

Quando a mente consciente duvida, tem medo, é negativa, você precisa acalmá-la, ou, até mesmo, adormecê-la, torná-la passiva, para que não crie obstáculos às ordens de cura e de saúde que você manda para o subconsciente.

Procure, então, relaxar a mente consciente, descontraindo seu corpo e concentrando-se, profundamente, no seu desejo. Acalme-se, solte-se bem, relaxe, feche os olhos e afirme o quadro mental da saúde perfeita. Veja mentalmente seu órgão doente agora funcionando corretamente, energize-o com uma luz branco-azulada e acredite que ele está obedecendo a você.

E assim é e assim será.

## A SUGESTÃO É UMA FORÇA INCALCULÁVEL

Émile Coué disse que "para bem se compreender o papel da sugestão, ou, por outra, da autossugestão, basta saber que o subconsciente é o dirigente principal de todas as funções orgânicas. Façamos-lhe crer que tal órgão, que não funciona bem, deve funcionar bem. Instantaneamente, o subconsciente dará essa ordem ao órgão, que obedecerá submissamente, recuperando a sua função normal, imediatamente, ou aos poucos. Isto nos dá o direito de explicar, de maneira simples e clara, como, pela sugestão, pode-se suster as hemorragias, debelar a prisão de ventre, extinguir fibromas, curar paralisias, lesões tuberculosas, feridas varicosas, etc".

Ao aplicar esta força curadora, procure deixar a sua mente consciente, tanto quanto possível, passiva, porque então a sua ordem será enviada sem distorções ao subconsciente.

Quando você diz "vou tentar", já está desperdiçando a força principal que é a fé. Vou tentar significa que você duvida se vai dar certo ou não. Parta do princípio incontestável de que tudo o que o subconsciente aceita como verdadeiro ele cumpre. Mande a sua ordem com fé e decisão. Mas, mande uma determinação positiva e não negativa. Por exemplo, não diga: "Meu estômago não vai doer"; diga positivamente: "Meu estômago agora está funcionando corretamente, normalmente".

Se está com dor de cabeça, relaxe, feche os olhos e diga monotonamente: "Está passando, está passando, está passando".

## HÁ UM PODER CURADOR DENTRO DE SI

A natureza é um agente natural de cura. Age por si e restabelece a ordem quando esta estiver deteriorada. Muitas vezes, você se feriu e o sangue estancou por conta, fez-se a cicatriz e, posteriormente, até mesmo esta desapareceu, a tal ponto que você nem sabe mais onde houve o corte. Há um Poder Curador em você. É a Vida, fonte inesgotável de perfeição. Este Poder Curador Divino age por si e age com mais energia e força quando acionado pela mente. Ajude a sua mente a praticar mais rapidamente a cura, dando-se sugestões positivas e afirmando a harmonia e perfeição existentes na dimensão total do seu ser. Assim, o seu subconsciente sabe exatamente o que você quer e agirá de acordo.

Lembre-se que os males que a sua mente criou, a sua mente pode curar.

Não é necessário saber como o Poder Curador funciona, pois provavelmente nunca o saberá. Todas as curas começam e terminam no espírito, pois ele é a sua Vida e a sua vida é Deus.

Há um ditado que diz assim: o médico trata da ferida, mas quem cura é Deus. Deus, no entanto, só age em você por meio de você.

Não é necessário fazer a lista dos seus sofrimentos a Deus, pois Ele sabe tudo. O que você precisa fazer é a oração da cura, a oração do pedido que já vê em si mesmo a realidade, porque, em Deus, o pedir e o dar são as duas faces da mesma realidade. Foi por isso que Jesus ensinou a lei do Pedi e Recebereis. O pedido e o recebimento são a mesma coisa.

"E será que antes que clamem, eu responderei; estando ainda a falar, eu os ouvirei". (Isaías 64,14)

## AS CAUSAS DAS DOENÇAS

A doença é um estado de desarmonia. Quando a sua mente se perturba e se atormenta, está criando um desajuste no funcionamento do organismo: os órgãos são reprimidos, ou são estimulados de forma prejudicial, ou provocam-se estados de tensão, ou geram-se espasmos, ou ácidos e químicos desnecessários são mandados para o corpo em momentos prejudiciais; e assim é rompida a ordem perfeita que deve existir no funcionamento e na sincronização saudável de todo o composto humano.

Não pense que a doença seja uma fatalidade. Também não é azar da vida.

Você é a causa da sua doença. Deve saber que toda ação provoca a reação correspondente. Todo o ato se paga a si mesmo. Você está sempre se processando a si mesmo. Se ofende alguém, esta ofensa está agredindo a você mesmo e provocando um distúrbio igual à gravidade da sua ofensa. Se deseja o mal a alguém, está atraindo para si esse mal. É por isso que o Mestre, sábio dos sábios, ensina que se deve perdoar sempre as pessoas e até mesmo amar os inimigos. Todo ato de amor gera um resultado de amor na própria pessoa.

Mas, se você não sabe a causa profunda e primeira da sua doença, não importa. O que importa é que deseja curar-se e, para isso, faz-se necessário entrar em estado de harmonia mental.

Limpe a sua mente, perdoe o passado, e comece a entrar em estado de paz, de bondade interior, de alegria espiritual; entre em harmonia consigo, com as pessoas, com o universo e com Deus. Este é o primeiro passo. Assim, já estará removendo a causa da doença e processando o ato da cura.

Agora imagine o fim desejado e sinta-o já acontecendo em si. O seu subconsciente, em cujo interior está o princípio da cura, reagirá de acordo.

Seja qual for a gravidade do seu mal, ele tem cura, porque há um Poder Curador Infinito dentro de si. Use-o com fé. Com toda fé. Já foi repetida várias vezes essa verdade.

## A FÉ É A MAIOR FORÇA CURADORA

Se percorrer os grandes santuários do mundo, por exemplo, Lourdes, Fátima, Pompeia, Aparecida, Medianeira, Caravaggio, Lujan, Cacupê, Medjugordji e tantas outras centenas de santuários espalhados pelos países; se visitar as igrejas do mundo inteiro; se entrar nos templos de todas as religiões ocidentais e orientais; se quiser contar os milhões de curas alcançadas por intercessão de milhares e milhares de santos; se catalogar os milhões de pessoas que realizaram milagres e curas por meio de Jesus Cristo; se desejar reunir a quantidade sem fim de orações que produziram milagres – chegará à conclusão de que a fé é a força mais poderosa do universo.

A fé cura com a mesma facilidade tanto uma pequena dor de cabeça quanto um câncer de último grau. É por isso que não existem doenças incuráveis. Jesus Cristo curou os dez leprosos, doença considerada incurável na época; curou o cego, o surdo, o paralítico. Em nome da fé, e dizendo decididamente: "Vai em paz, a tua fé te curou", ele recuperou a saúde de inúmeras pessoas durante os três anos de vida pública.

O Mestre sempre insistia: "Tudo é possível àquele que crer". "Seja o que for que desejardes, quando orardes, crede que o recebereis, e assim será". (Marcos 11,24). "Pedi e recebereis".

E você, que até aqui quis construir e reconstruir-se unicamente por sua capacidade e luta, ouça o Mestre: "Até agora nada pedistes; pedi e recebereis, para que a vossa alegria seja completa". (João 26,24). "Faça-se conforme a tua fé". (Mt.9,29).

Mas, não pense que é difícil ter fé. Nada disso, é bem fácil. Quando acredita que aquilo que está dizendo em sua prece, ou em seu pedido, é verdadeiro, isto é, que vai acontecer, você tem fé.

Tenha a fé simples da criança. Aceite como verdadeiro e infalível o princípio de que, pelo fato de pedir, já está alcançando. A fé, pois, é a ponte que liga o pedido ao recebimento.

Eu já vi diversas mães usarem o poder da fé para tirarem a dor do filhinho que havia se machucado. Quando o pequenino caiu no chão, se machucou e abriu um berreiro daqueles, a mãe o pegou no colo, perguntou onde tinha se ferido e disse: "Espera, que vou dar um beijo aí onde está doendo e vai passar. Pronto, já passou". A criança para de chorar e sai para brincar novamente. Acreditou que era assim, e assim foi mesmo; passou a dor.

Decida-se a acreditar que a fé realiza milagres.

## O MILAGRE É FÁCIL: ACREDITE NELE

Não crie nenhum obstáculo à sua fé. Há um poder vital em si, que é capaz de restabelecer a ordem e a vida das células, até mesmo de forma imediata, se for necessário. As curas que Jesus praticava eram instantâneas:

- Vai em paz, a tua fé te curou.

E o doente saía feliz da vida, completamente curado.

Você já deve ter visto pessoas desenganadas dos médicos alcançarem a cura de maneira admirável. Isso não é privilégio. Basta usar corretamente as leis da fé e também ficará perfeitamente curado.

Afaste de si os pensamentos de medo e de dúvida. Eles são devastadores.

Ao buscar a cura de suas doenças não se ponha a implorar repetidamente como se Deus fosse um déspota, lunático, ou surdo.

Deus é a sua Vida, e o seu espírito é a perfeição. Mergulhe na Harmonia Universal, envolva-se na dimensão divina, sinta-se uno com o Pai e este estado de perfeição, de poder, de harmonia, estará gerando esta mesma realidade em você.

A saúde não é um produto que você adquira fora.

A saúde já existe originariamente em você.

## A CURA PELA PALAVRA

Quando você está enfermo, as vibrações energéticas do seu corpo estão em baixa. Você precisa energizar, criar energia saudável e positiva; necessita gerar vibração que produza força curadora no órgão afetado. Pensamentos negativos geram mais doenças ainda, pois abatem as energias vitais.

Há palavras que, proferidas mentalmente ou verbalmente, com sentimento e entusiasmo, produzem uma energia toda especial e atuam na cura da moléstia.

Rudyard Kipling disse que "as palavras são a droga mais poderosa da humanidade".

A Bíblia, no salmo 107,20 fala assim: "Ele enviou a sua palavra e os curou".

Há vibrações especiais em certas palavras e quando você sente a força dessas vibrações, elas já começam a agir em si. Veja algumas palavras que irradiam energias poderosas: Amor, Fé, Sucesso, Riqueza, Paz, Alegria, Saúde, Harmonia, Vencer, Eu Posso, Deus, Força, e muitas outras que você mesmo vai descobrir pela reação que provocam na mente e no coração.

A escola de Nancy, na França, aconselha a seguinte técnica para você obter a cura ou outro benefício: "Tome uma pequena frase ou declaração fácil de gravar na memória e repita muitas vezes, como uma canção de acalanto".

Neste caso, você estará usando duas forças poderosas: a força energética do pensamento significado pela palavra ou frase, e a força da repetição.

Não esqueça que a repetição também é uma técnica muito útil. Se mandar uma gota de água para o seu subconsciente, ele receberá apenas uma gota de água, mas se derramar uma torrente de água o efeito será mais forte e decisivo.

Use a palavra inspirada, emocionalizada e acreditada, para produzir a cura em si e nos outros.

O grande sábio Salomão já dizia que "a língua dos sábios produz a cura". (Provérbios 12,18).

Ao orar pela saúde de alguém, afirme a saúde infinita, a ordem e harmonia da mente e do corpo, a Presença Infinita nessa pessoa, e imagine que a saúde está jorrando de você ou de Deus para essa pessoa que deseja curar.

Acredite na força de suas palavras. Faça jorrar o conteúdo de cada palavra como uma torrente irresistível de cura sobre o enfermo.

Verdadeiros milagres acontecerão, pode crer.

"Tu lho rogarás e Ele te ouvirá, e cumprirá os teus votos. Formarás os teus projetos e terão feliz êxito, e a luz brilhará em teus caminhos". (Jó.27-28)

## A CURA PELA IMPOSIÇÃO DAS MÃOS

Desde tempos imemoriais está sendo usada a técnica da cura pela imposição das mãos.

A Bíblia é riquíssima em episódios de cura por esse método.

Jesus usava muito esta maneira de curar e a ensinou aos apóstolos, que passaram a realizar verdadeiros prodígios por toda parte.

"À notícia de que a Samaria recebera a palavra de Deus, os apóstolos que estavam em Jerusalém para lá enviaram Pedro e João. Esses, pois, desceram e oraram por eles para que recebessem o Espírito Santo; porque ainda não viera sobre nenhum deles. Impuseram as mãos e eles receberam o Espírito Santo. Quando Simão, o mágico, viu que pela imposição das mãos dos apóstolos se dava o espírito, ofereceu-lhes dinheiro, dizendo: "Dai-me também a mim este poder, para que toda pessoa a quem eu impuser as mãos receba o Espírito Santo". (Atos 8,14-19)

"Em Icônio, Barnabé e Saulo converteram judeus e gentios. Mas os judeus incrédulos incitaram o povo contra eles. Eles, todavia, permaneceram ali ainda por longo tempo, pregando desassombradamente, confiados no Senhor, o qual confirmava a palavra da sua graça por meio de milagres e prodígios, que por mãos deles operava". (Atos. 42-3)

"Veio ter com Jesus um leproso, caiu de joelhos diante dele e suplicou: "Se quiseres, podes tornar-me limpo". Compadecido dele, estendeu Jesus a mão, tocou-o e disse: "Quero, sê limpo". Mal acabara de falar, e já a lepra desaparecera e o homem estava limpo". (Marcos 1,40-43)

Três aspectos importantes ocorreram nesta cura efetuada pelo Mestre: impôs a mão, usou a força da palavra e deu-se a cura instantânea.

"Tornou Jesus a embarcar e chegaram à outra margem, onde afluíram a ele grandes multidões. Estava ainda à beira do lago, quando veio um chefe de sinagoga, por nome Jairo; assim que avistou Jesus, lançou-se-lhe aos pés, com esta súplica insistente:"Minha filhinha está para morrer; vem impor-lhe as mãos para que tenha saúde e vida". (Marcos 5,21-23). De caminho para lá apertavam-no as multidões. Achava-se aí uma mulher que, havia doze anos, sofria dum fluxo de sangue; gastara com médicos toda a sua fortuna, sem encontrar quem a pudesse curar. Chegou-se a Ele por detrás e tocou-lhe numa das borlas do manto – e no mesmo instante cessou o fluxo de sangue.

- Quem me tocou? – perguntou Jesus. Negaram todos. Ao que, Pedro e seus companheiros observaram:

- Mestre, a multidão te atropela e comprime, e perguntas: "Quem me tocou?"

Jesus, porém, insistiu:

- Alguém me tocou; senti que saiu de mim uma força.

Vendo a mulher que não passara despercebida, veio, toda trêmula, prostrou-se-lhe aos pés e declarou perante todo o povo por que o tocara e como imediatamente ficara curada.

Disse-lhe Jesus:

- Minha filha, a tua fé te curou; vai-te em paz.

Ainda não acabara de falar, quando veio alguém da casa do chefe da sinagoga com o recado: "Tua filha acaba de morrer; não incomodes mais o Mestre". Ouvindo Jesus estas palavras, disse-lhe:

- Não temas; é só teres fé e ela será salva.

Chegado à casa, não permitiu que alguém entrasse com Ele, afora Pedro, Tiago e João, como também o pai e a mãe da menina. Todos choravam e lamentavam. Jesus, porém, disse:

- Não choreis! Ela não está morta, dorme apenas.

Riram-se dele, porque sabiam que estava morta. Então Jesus a tomou pela mão e bradou:

- Menina, levanta-te!

Nisto, voltou-lhe o espírito e ela se levantou imediatamente. Mandou que lhe dessem de comer. Os pais estavam fora de si de assombro." (Lucas 8,43-55).

Neste fato, você percebeu que Jairo, pai da menina, pediu a Jesus que fosse impor as mãos na filha para que ela recuperasse a saúde. E Jesus, ao chegar diante da menina, nessas alturas já morta, tomou-a pela mão e mandou erguer-se.

Há uma energia espiritual que pode jorrar da pessoa através das mãos e Jesus sabia usar como ninguém este método. Ele se referiu a essa força especial quando a mulher, que sofria de um fluxo de sangue, o tocou e alcançou a cura. Disse ele: "Alguém me tocou; senti que saiu de mim uma força".

"Tornou a retirar-se do país de Tiro e foi por Sidon ao lago da Galileia, atravessando o território da Decápole.

Trouxeram-lhe, então, um surdo-mudo e lhe rogaram que pusesse a mão sobre ele. Jesus tomou-o de parte, fora do povo, meteu-lhe os dedos nos ouvidos e tocou-lhe a língua com saliva. Depois, levantou os olhos ao céu, deu um suspiro e disse-lhe: "Effetha" – que quer dizer: Abre-te!

Imediatamente se lhe abriram os ouvidos e soltou-se-lhe a prisão da língua, e falava corretamente". (Marcos 7,31-36)

"Chegaram a Betsaida. Aí lhe apresentaram um cego, rogando que o tocasse. Jesus tomou o cego pela mão e o conduziu para fora da aldeia; tocou-lhe com a saliva os olhos, impôs-lhe as mãos e perguntou-lhe se enxergava alguma coisa.

Levantou ele os olhos e disse: "Vejo andar homens do tamanho de árvores".

Novamente lhe pôs Jesus as mãos sobre os olhos; então se tornou penetrante a vista dele; ficou curado e distinguia todas as coisas". (Marcos 8.22-25)

## VOCÊ PODE CURAR. QUEM CRÊ, TUDO PODE

"E convocou Jesus os doze apóstolos e deu-lhes poder e autoridade sobre os espíritos malignos e a virtude de curar as enfermidades.

Depois disto designou o Senhor mais setenta outros discípulos e mandou-os, dois a dois, adiante de si, a todas as cidades que tencionava visitar...E quando entrardes em uma cidade onde vos recebam, comei o que vos servirem; curai os doentes que aí houver e dizei: Chegou a vós o reino de Deus". (Lucas 10,1 ss).

O sacerdote, por investidura do Cristo, recebeu o dom de curar, assim como o receberam os apóstolos. É muito bom que o sacerdote exercite este dom divino. Aonde quer que Jesus ia, sempre se dedicava a curar os enfermos. Aos apóstolos, seus seguidores, como você viu acima, também mandou pregar e curar os enfermos.

Se você toma o livro "Atos dos Apóstolos", livro que relata as atividades dos apóstolos após a subida de Jesus ao céu, verá que a divulgação da palavra divina sempre vinha acompanhada do serviço de cura. Por sinal, em muitos lugares o sacerdote é chamado de "cura". Cura vem de curar. Há até os que dizem que santidade é uma palavra que tem sua raiz em sanidade, ou seja, saúde.

"Crescia cada vez mais o número de homens e mulheres que abraçavam a fé no Senhor a ponto de trazerem doentes para as ruas, estendidos em macas e leitos, para que, ao passar, Pedro cobrisse ao menos com a sombra alguns deles e ficassem livres de suas enfermidades. Afluía também muita gente das cidades vizinhas de Jerusalém trazendo doentes e vexados de espíritos impuros e eram todos curados". (Atos 5,12,ss)

Mas, você também tem o dom de curar, porque você é o próprio Deus manifestado na terra; em você está a Presença Infinita, a energia divina.

- Você é um deus – disse Jesus.

Jesus declarou, certa vez, uma frase de conteúdo assombroso: "Aquele que crer em mim, fará as coisas que eu faço e as fará ainda maiores". (João 14,12)

Noutra ocasião, falou o Mestre: "Quem crer se salvará. Estes são os sinais que acompanharão os que tiverem acreditado: em meu nome expulsarão demônios, falarão novas línguas, pegarão em serpentes, e, se beberem algum veneno que mata, nada sofrerão; colocarão as mãos sobre os enfermos, e estes ficarão curados". (Marcos 16,15-20).

São Paulo, numa carta enviada aos cristãos de Éfeso, na Grécia, escreveu o seguinte: "Irmãos, eu peço ao Deus de nosso Senhor Jesus Cristo, o Pai da glória, que vos dê um espírito de sabedoria e de revelação, para que possais realmente conhecê-lo. Que Ele abra as vossas mentes e vejais a luz, a fim de que possais conhecer a esperança para a qual Ele vos chamou. E também para que fiqueis conhecendo como são ricas as bênçãos que Ele prometeu ao seu povo e como é grande o seu poder que age em nós, os que cremos. Este poder é o mesmo que Deus mostrou com força extraordinária quando ressuscitou a Cristo". (1,17-23)

O Mestre Jesus disse que, se você crer, terá domínio curador sobre os males mentais das pessoas; terá domínio sobre si mesmo e encontrará em si a fonte da Sabedoria (falará novas línguas); terá domínio sobre os animais; dominará a matéria (venenos); e dominará as doenças, curando os enfermos.

Já o apóstolo Paulo assegura que o poder de Deus age em nós.

Está na hora de acreditarmos na dimensão divina e infinita que existe em nós e que nos faz dominar os nossos males e problemas.

Cure-se a si mesmo usando esta Força infinita, capaz de restabelecer a justa ordem na sua mente e no seu organismo.

A fé, porém, não é privilégio de alguma religião. A fé é um princípio divino que está à mão de toda pessoa.

Certo dia, João se aproximou de Jesus e disse-lhe:
- Mestre, vimos um homem que expulsava demônios em teu nome e lho proibimos; porque não te segue conosco.

Respondeu-lhe Jesus:
- Não lho proibais; pois quem não é contra vós é por vós. (Lc.9,49-50)

Toda pessoa boa pode produzir frutos bons, seja qual for a sua religião, ou mesmo que não tenha religião. Neste caso, o seu espírito é o seu templo e no seu espírito reside Deus. O que não pode acontecer é que o mal consiga produzir o bem. Isto sim é impossível.

## EXPULSAREIS DEMÔNIOS

Se você examina os casos em que Jesus expulsa demônios ou espíritos maus, como diz o evangelho, escrito há quase dois mil anos, perceberá que se trata de doenças mentais, psicoses agudas, hipocondria, desdobramento de personalidade, epilepsia, depressão profunda, e outras enfermidades.

Naquele tempo, chamavam de demônios a todos esses males que atormentavam as pessoas e não havia necessidade de Jesus oferecer uma explicação científica para cada doença. Ele usava a linguagem da época. O que importava ao Mestre era curar e não explicar medicina. Para curar precisava acionar a fé, razão porque usava a linguagem do povo.

O demônio, como entidade em si, não pode habitar nem o espírito e nem o corpo de uma pessoa, pois todo ser humano sempre é o próprio Deus manifestado. O espírito de uma pessoa é a Vida, é a Presença Infinita, é a imagem divina, e o corpo é o templo do Espírito. De mais a mais, demônio é vocábulo originário do idioma grego: daimones. Não significava nenhuma entidade e sim qualquer fenômeno de paranormalidade, como clarividência, clariaudiência, e outros.

"Ninguém lançará mão de ti para te fazer mal". (Atos,

18,10)
"Nada vos fará dano algum". (Lc 10,19)
Só há uma pessoa que pode fazer mal a você: é você mesmo.

Mas, seja qual for o seu estado, recorra à Força Divina que habita seu ser e você retornará ao estado de saúde, de harmonia e de perfeição.

## HÁ MUITAS FORMAS DE CURAR

Existe somente um princípio de cura e a este princípio você pode dar o nome de Deus, Pai, Vida, Poder Curador, Subconsciente, Natureza, ou outro nome qualquer. Já os métodos de cura são muitos. O médico segue os padrões da medicina; o curandeiro segue o seu próprio ritual; a ciência que emprega o poder da mente tem as suas técnicas; certas religiões usam o seu método; os homeopatas trilham uma estrada um pouco diferente da medicina tradicional. Há outros métodos.

Todas essas formas de curar não se opõem, não se contradizem, não se ofendem, mas se ajudam e se completam.

Num programa de televisão, chamado "Fantástico", levado ao ar em outubro de 1978, foi dedicado um quadro às "Curas pela Fé". Diversos curadores foram entrevistados, bem como alguns médicos. Chamou-me a atenção o que disse o psiquiatra Jorge Alberto Costa e Silva. Reconheceu ele que a fé sempre ocupou lugar de destaque na cura; e reconheceu ainda que a melhor posição oficial da medicina atual é não hostilizar os que se dedicam a curas espirituais, mas se aproximar para ajudar a curar.

Por outro lado, quem acredita na cura espiritual não deve desdenhar o médico e nem os remédios, pois, se assim o faz, é sinal de que a sua mente é negativa e está dificultando ainda mais o restabelecimento da saúde.

Sempre haja sentimento saudável e positivo em você. Veja no médico a própria manifestação divina, o intermediário entre você e Deus; e o médico o é, na verdade, porquanto tem o Poder Divino em si, como todo e qualquer ser humano. Veja no médico a manifestação humana de Deus e acredite nele com toda a fé. Tome os remédios com a máxima fé, entendendo que foram feitos por uma mente ligada na Mente Cósmica Divina. Portanto, abra todos os canais internos para que o fluxo da saúde jorre através do médico, dos remédios, da operação, da prece, da fé, da Força Divina e da energia espiritual de outras pessoas.

## AJUDE A CURAR E NÃO ATRAPALHE

Há tempos, quando minha mãe esteve no hospital em estado grave, eu via que as pessoas que entravam no quarto, principalmente os familiares, carregavam na mente um estado tenso e negativo de preocupação, de nervosismo e de medo. Como o pensamento é uma vibração que transcende a pessoa, não trazia nada de benéfico à minha mãe esse tipo de emoção negativa. Eu percebia isso e até me deu vontade de colocar um pequeno cartaz na parede do quarto com os seguintes dizeres: "Você pode ajudar: irradie saúde".

Numa certa noite, depois que minha mãe havia melhorado consideravelmente, tornou a passar mal e o médico atribuiu ao calmante que teve que dar para ela.

Disse ele:

- Eu dei esse calmante por causa de vocês. Vocês estavam muito nervosos e preocupados.

Um mano meu não viu lógica nisso, pois entendia que devia ter dado à paciente o que era benéfico para ela e não para os que a estavam cuidando.

Olhando mais profundamente, o médico tinha razão também, porquanto a perturbação dos circunstantes afetaria a doente, e, para evitar que isso acontecesse, deu-lhe calmante para dormir.

Quando você está enfermo, ou vai visitar doente, não faça um longo comentário da doença, pois cada vez que menciona a enfermidade está gravando mais profundamente no subconsciente do enfermo a imagem da doença. Negue mentalmente a existência da doença e não lhe dê nem sequer nome. Afirme a saúde e veja na pessoa apenas a Vida recuperando as partes afetadas. Veja Deus, ou o Poder Curador, agindo de maneira prodigiosa. A energia espiritual que você irradia é de enorme benefício para o paciente.

Os cientistas já comprovaram que a presença de pessoas negativas afeta as plantas, causa reações em animais e, com não menos certeza, atinge também as pessoas. A presença de pessoas positivas, saudáveis, otimistas, realiza, por outro lado, uma ação benéfica através da energia benfazeja que emana delas.

Você pode ajudar: irradie saúde.

Peça a Deus que você seja usado por Ele para irradiar saúde e vitalidade às pessoas combalidas. Afirme sempre o seu estado positivo: "A Força Curadora Divina está jorrando por meu intermédio para esta pessoa. Sou positivo, sou positivo, sou positivo. Tenho o poder de ajudar na cura. Estou ajudando em nome de Deus".

## CURAS À DISTÂNCIA

A cura à distância é um dos fenômenos mais notáveis do mundo sobrenatural e extrassensorial. Como se processa? Que energia é enviada à pessoa beneficiada? Como se expande esta energia? Como atua?

A imagem mental, o pensamento, o sentimento, o desejo, a fé, atingem qualquer distância, vencem todas as barreiras e não sofrem alteração no tempo e no espaço.

Por um lado, é fácil explicar a cura à distância: o universo é um só e nós somos UM com o universo, ou seja, com as pessoas, com os seres vivos, com Deus, com a matéria.

O meu pensamento e a minha energia são recebidos pela mente subconsciente da pessoa à qual são destinados e, realizada a operação corretamente, os resultados acontecem.

Jesus fez diversas curas à distância.

Uma delas é a seguinte: "Partiu Jesus daí e se retirou para as regiões de Tiro e Sidon. Entrou numa casa e não queria que ninguém o soubesse. Mas não pôde ficar oculto; porque uma mulher, que tinha uma filha possessa dum espírito impuro, assim que ouviu da presença dele, entrou e se lhe lançou aos pés. Era pagã, essa mulher, natural de Sirofenícia. Suplicou a Jesus que expulsasse de sua filha o espírito maligno.

Respondeu-lhe Ele:

- Deixa que primeiro se fartem os filhos; não convém tirar o pão aos filhos e lançá-lo aos cachorrinhos.

- De certo, Senhor – replicou ela – mas também os cachorrinhos, debaixo da mesa, comem das migalhas dos filhos.

Disse-lhe Jesus:

- Por causa desta palavra, vai, que o demônio acaba de sair de tua filha.

Foi para casa e encontrou a menina estendida na cama; o demônio tinha saído". (Mc 7,24-30)

Nesta cura à distância, a mãe foi a ponte entre o curador, Jesus, e a doente, a filha. Esta ponte era perfeita, pois estava plena de fé e de certeza. Veja você: sendo pagã, se veio a Jesus era por causa de uma imensa fé no poder do Mestre; insistiu para que Jesus curasse sua filha, mesmo diante da primeira negativa; acreditava no Rabi; e amava sobremaneira a sua filha, pela qual deixou seu país e saiu à procura do Mestre, a quem não conhecia mas do qual ouvira falar.

O resultado foi a cura extraordinária.

Pode-se, também, curar à distância diretamente, sem intermediário.

Vou contar-lhe outra cura à distância realizada por Jesus, também com uma pessoa pagã, cuja fé o Mestre a elogiou de modo todo especial:

"Acabava Jesus de entrar em Cafarnaum, quando se lhe apresentou um centurião com esta súplica:

- Senhor, tenho em casa um servo que está de cama, com paralisia, e sofre grandes tormentos.

Respondeu-lhe Jesus:

- Irei curá-lo.

Tornou-lhe o centurião:

- Senhor, eu não sou digno de que entre em minha casa;

dize uma só palavra, e meu servo será curado. Pois também eu, embora sujeito a outrem, digo a um dos soldados que tenho às minhas ordens: Vai acolá! e ele vai; e a outro: Vem cá! e ele vem; e a meu criado: Faze isto! E ele o faz.

Ouvindo isto, admirou-se Jesus e disse aos que o acompanhavam:

- Em verdade, vos digo que não encontrei tão grande fé em Israel! (...)

E disse Jesus ao centurião:

- Vai-te e faça-se contigo assim como creste.

E na mesma hora o servo recuperou a saúde". (Mt. 8,5-13)

Nesta cura, o intermediário foi aquele oficial romano. Nos dois casos, não foi a religião que propiciou a cura, mas a fé das pessoas desejosas de que Jesus curasse. No primeiro caso, a menina recebeu a energia curadora independente de sua vontade, pois se achava em estado psicótico; já no segundo caso, é possível que o servo do centurião romano também desejasse ardentemente a cura por meio de Jesus. Mas, é digna de nota a fé ilimitada dos dois intermediários, isto é, da mãe e do centurião, ambos pagãos.

Quando se juntam as orações das pessoas doentes e das sadias, a energia curadora encontra um canal mais aberto e jorra com maior impetuosidade. Porém, se você deseja o bem a alguma outra pessoa que não está ligada nesse tipo de processo curador, ou não aceita seus conselhos, ou não tem forças para deixar o caminho doentio, como, por exemplo, os ateus doentes, os psicóticos, os dementes, os viciados na bebida ou no tóxico, use o método da cura à distância e poderá ter maravilhosos resultados.

Durante alguns anos, realizava sessão de cura semanalmente para o público. Num determinado momento, enquanto as pessoas ainda estão em nível alfa, peço para trazerem mentalmente algum de seus familiares doentes ou necessitados de algum benefício especial. Muitas curas têm acontecido, nesse momento, com esses familiares que estavam longe do local da sessão e, mesmo, nem sabiam que estavam sendo levados mentalmente para a cura.

*Lauro Trevisan*

## A CURA POR MEIO DE JESUS

Certa noite, ao realizar uma sessão de cura na cidade de Restinga Seca, uma senhora pediu-me para escrever uma oração a fim de ser distribuída às pessoas que comparecessem ao encontro de cura. Escrevi este texto, que foi distribuído e que trouxe muitos benefícios:

"Quando as pessoas se aproximavam de Jesus para lhe pedir a cura de seus males e sofrimentos, o Mestre olhava a cada uma com carinho e as curava. Para o cego, para o aleijado, para os leprosos, para os acometidos de câncer, para os surdos, para os mudos, para os diabéticos, para os que viviam sob intensas dores, para os tristes, para os deprimidos, para os neuróticos, para os nervosos, para os psicóticos, para os desanimados, para os frustrados, para cada um Ele estendia a mão divina e dizia:

- Vai em paz, a tua fé te curou.

Você também é um na multidão dos necessitados. Você está sofrendo de um mal rebelde aos tratamentos... Você está sofrendo de alguma tortura ou amargura interior... Sim, você também, agora, é um na multidão dos que procuram Jesus.

E Jesus para diante de você, neste instante, e diz-lhe, com a mesma compaixão, a mesma coisa que disse aos outros, há quase dois mil anos:

- Vai em paz, a tua fé te curou.

E você, então, feliz, certo de que assim é e assim será, ora esta prece de agradecimento:

"Muito obrigado, Senhor, pela cura. Muito obrigado porque tu me ouviste. Tu sempre ouves com bondade e amor a todo aquele que acredita no teu poder. Sei que a tua palavra realizou em mim a perfeição, por isso sou uma pessoa sadia, curada, perfeita, alegre e bem-sucedida. Meu corpo, minha mente e meu coração agora estão em harmonia. Estou em paz, feliz e agradecido. Pelo milagre da palavra, tudo aconteceu em mim, conforme a minha crença. Estou curado. Alcancei o que tanto desejei. Muito obrigado. Amém".

## TESTEMUNHO DE UMA SENHORA

Zelina tem cinquenta anos de idade e relata este depoimento:

"Há quase 20 anos vinha eu sofrendo de ciática. Isto me obrigava a dormir com um travesseiro sob a perna esquerda, a fim de amenizar as dores terríveis. Ao longo desse tempo, fiz diversos tratamentos médicos e exames laboratoriais. Havia degeneração óssea ao longo da coluna. Submeti-me à fisioterapia: tração, massagem, forno de Bier, etc...Tomava analgésicos diariamente, além de injeções dolorosíssimas ( vitamina B1 e B2). Todos os esforços eram infrutíferos até que, assistindo a uma Noite da Cura, fiquei curada radicalmente.

Sofria, ainda, de uma amigdalite crônica, isso há aproximadamente 30 anos. Tinha mau hálito, complicações renais, como pielonefrite, e outras. Não havia possibilidade de operação. Fiquei também curada noutra Noite da Cura.

Há cerca de 2 anos eu havia sofrido um entorce no pé direito, fato esse que me obrigou a ficar com a perna engessada durante duas semanas. Aparentemente curada, quando apoiava o pé sentia dores horríveis sob o calcanhar. Era como se uma centena de agulhas aí espetassem. Fiquei curada disso também, após mentalizações positivas.

Permita-me contar também que sofria de forte enxaqueca durante 33 anos. Nas crises eu me isolava em quarto escuro e não me alimentava. Tomava até seis comprimidos de analgésicos diários e injeções receitados por médicos. Nada resolvia. Decidi curar-me pelo Poder da Mente e consegui.

Depois de bem orientada consegui acabar com esse rosário de males. Agora minha prece é assim: "Mal nenhum pode me afligir; sou sadia, alegre e feliz; sou calma, tranquila e serena; sou dinâmica, próspera e triunfante; sou amiga de todos e todos são meus amigos; eu os amo e eles me amam. Porque Deus habita em mim e ele é Perfeição. Amém".

## VAI EM PAZ, A TUA FÉ TE CUROU

Eu vejo pelo menos quatro ingredientes poderosos e atuantes na ordem curadora determinada pelo Mestre Jesus através da afirmação: Vai em paz, a tua fé te curou.

O primeiro ingrediente é a PAZ: Trata-se de um sentimento positivo que restabelece de imediato a harmonia e a saúde na mente. Os seus males são produzidos pela sua mente; ora, quando você entra em estado de paz, significa que agora só existe energia positiva, pensamento positivo, estado mental e espiritual que eliminaram as mágoas, as tristezas, as desconfianças, os medos, os ressentimentos, as revoltas, as angústias. Pela paz, a mente fica limpa e inundada de energia curadora.

A paz é o dom mais necessário na sua vida. Aprenda a manter-se em estado permanente de paz e estará sempre saudável.

Acabe com os sentimentos de culpa, jogue longe seus complexos de culpa. Sempre que tenha praticado algo de errado, limpe em seguida a sua mente, perdoando-se e pedindo perdão, mentalmente ou verbalmente, a quem foi ofendido, e determine desde já que está em paz, livre de todo sentimento de culpa. Quando você muda de pensamento, já está perdoado e em paz. Nunca esqueça que Deus sempre perdoa. Você não deve ser mais rigoroso do que Deus: perdoe-se liberalmente. Quando esquece o mal praticado, já está perdoado. Neste caso, a cura tem início.

Jesus demonstrou, certa vez, que quando você entra em estado de harmonia, já está curado, seja qual for a sua doença:

"Embarcou Jesus e passou para a outra banda. Chegou à cidade. E eis que lhe apresentaram um paralítico prostrado num leito. À vista da fé que os animava, disse Jesus ao paralítico:

- Tem confiança, meu filho, os teus pecados te são perdoados.

Formaram, então, alguns dos escribas este juízo consigo mesmos: "Este homem blasfema". Jesus, porém, que lhes conhecia os pensamentos, observou:

- Por que estais a pensar mal em vossos corações? que é

mais fácil, dizer: Os teus pecados te são perdoados? Ou dizer: Levanta-te e anda? Ora, vereis que o Filho do homem tem poder de perdoar os pecados sobre a terra.

Disse então ao paralítico:
- Levanta-te, carrega o teu leito e vai para casa.
Levantou-se ele e foi para casa". (Mt.9,1-7)

O Mestre mostrou, nesse fato, que no momento em que os pecados são perdoados, ou seja, no momento em que não há mais desarmonias na mente de uma pessoa, já não há mais a causa da doença e, consequentemente, já não há mais a doença.

Não fique, pois, remoendo seus erros, seus fracassos, seus problemas, suas aflições, suas frustrações, porque as atribulações da mente geram as atribulações do corpo. A mente age e o corpo reage. A todo ato mental ou físico o corpo paga o preço correspondente. Mantenha sempre a sua mente leve, limpa, saudável.

Jesus Cristo ensinou que é a mesma coisa dizer "Os teus pecados te são perdoados" e "Toma o teu leito e anda". Significa que a saúde da alma gera a saúde do corpo. Por esse relato do evangelho você pode perceber que a doença da alma pode gerar não só problemas mentais como também paralisia e outros males físicos que, aparentemente, não teriam relação nenhuma com o estado mental. Daí a necessidade primária da paz interior.

O segundo ingrediente é a FÉ. No relato acima, a fé ocupou lugar decisivo: "À vista da fé que os animava, disse Jesus ao paralítico:"Tem confiança, filho, os teus pecados te são perdoados".

Não fique, no entanto, apenas com a definição tradicional de pecado. Pecado é todo pensamento negativo; pecado é não acreditar que você nasceu para ter saúde; pecado é pensar que a vontade de Deus é que você sofra e padeça de doenças; pecado é manter a mente fixa na imagem da doença; pecado é não acreditar que há um Poder Curador Divino em si. Não desejar a cura, isto é, a perfeição, é deixar-se ficar em estado de pecado, ou seja, de desarmonia. Tenha sempre a mente ligada na perfeição física e mental da sua imagem verdadeira. Lembre-se que a culpa só existe na mente. Liberte-se dela e estará livre do mal.

A origem da palavra pecado era: errar o alvo. Arrepender-se significa trocar de pensamento. Mesmo em meio aos males que afligem o seu corpo, que sua alma glorifique o Senhor Deus que habita o seu íntimo, na certeza absoluta de que está já caminhando para a saúde. Aceite o seu estado presente, mas mantenha a mente voltada para a perfeição.

A fé é a certeza de que as leis espirituais nunca falham. Se falhassem, Deus também poderia falhar, o que é impossível. Pela fé, você se liga na Força Curadora e abre a sua mente para que a energia divina jorre sobre si.

O terceiro ingrediente importante é a palavra TUA. Sim, VOCÊ deve ter fé. Deve acreditar que a cura vai acontecer. Precisa admitir que há um Poder Curador dentro de si. Evite todo obstáculo à ação divina. Deixe a sua mente calma, passiva e confiante no milagre. O milagre existe porque é possível. O milagre é fácil: trata-se simplesmente da restauração da harmonia de suas células.

Ligue-se na fé dos outros, mas você também deve acreditar. Sua fé seja simples e absoluta, como a fé da criança.

O quarto ingrediente é a CURA. Eis aí o resultado infalível que acontece a quem limpa a mente, entra em estado de paz e acredita na lei do Pedi e Recebereis. Jesus curava a todos os que desejavam e acreditavam. A lei da fé não falha. A cura é certa. Ninguém mais do que Deus, que é a perfeição, deseja que a perfeição habite seu ser.

"Filho, tu sempre estás comigo e tudo o que é meu é teu". (Lc.15,31)

"Aproximai-vos de Deus e ele se aproximará de vós". (Tiago 4,8).

Quando você se liga, portanto, na perfeição divina, esta habitará a sua mente e o seu corpo.

O Salmo 37,29, diz o seguinte: "Os próprios justos possuirão a terra e residirão sobre ela para todo o sempre". Aí está uma afirmação inacreditável. Se você pudesse manter a sua mente e o seu coração em estado permanente de justiça interior, ou seja, de perfeição, viveria para sempre, pois não haveria deterioração em seu corpo.

## A ORAÇÃO QUE SALVOU UMA SENHORA

Certo dia, fui chamado para atender uma senhora em estado bastante grave. Já não se levantava da cama, alimentava-se muito mal, e sentia-se fraca demais a ponto de temer que estava condenada à morte. Seu estado era muito sério e ela achava que não ia durar muito. Conversei com ela mais de duas horas e fiz-lhe a seguinte oração para mentalizar algumas vezes por dia:

"Um dia eu não existia e Deus pensou em mim e resolveu que eu era uma pessoa muito importante, por isso eu devia existir. A partir deste momento, eu nasci do Espírito Criador de Deus, como manifestação do seu amor. Meu espírito procede do Espírito de Deus e, por isso, Deus está em mim, me ama, me guia e vela por mim. Isso é maravilhoso. Deus é amor infinito, por isso eu tenho amor dentro de mim; Deus é poder infinito, por isso eu tenho poder dentro de mim; Deus é perfeição infinita, por isso tenho a saúde e a força curadora de Deus que me recupera a saúde; Deus é a suprema felicidade, por isso eu tenho a felicidade dentro de mim.

Nada mais me perturba, ninguém mais pode me prejudicar, porque eu e Deus somos UM.

Não tenho mais medo da doença, nem da velhice, nem de ficar abandonada, nem da morte, nem da incompreensão, porque eu e Deus somos UM.

Sei que Deus está em mim e atende com carinho e amor a todos os meus desejos; isto me deixa em paz e bem-humorada.

Perdoo a mim mesma pelos erros e pensamentos negativos; perdoo aos outros e sou perdoada por Deus. Sei que Deus sempre perdoa e nunca castiga ninguém, porque Ele é o supremo amor e a suprema misericórdia; é a gente que se castiga, quando as coisas não vão bem ou quando não se pensa positivamente e não se confia em Deus, porque isso gera angústia e as angústias e medos geram os males físicos e mentais.

Agora eu aprendi a confiar em Deus e em mim mesma,

porque Deus está em mim.

Sou, então, uma pessoa alegre, saudável, segura, agradável, cheia de bondade e boa vontade. Amo meu marido, amo meus filhos, amo a família deles e os coloco nas mãos e na proteção de Deus. Eles me amam e nós formamos uma família unida, que se quer bem.

Minha vida está a cada dia melhor e melhor em todos os sentidos.

Durmo tranquila e em paz, entrego meu sono a Deus, e acordo de manhã bem-disposta, saudável, cheia de energias, alegre e sorridente.

Sei que é dando que se recebe. Vou distribuir sorrisos e saudações a todos e tenho certeza de que meu coração se encherá de sorrisos e de alegria. Mesmo que no começo eu não sinta vontade de ajudar aos outros, de sorrir, sei que Deus está em mim me dando força e me recompensando. Pela lei da compensação, sei que Deus sempre me recompensa. Pela lei de que "eu colho o que semeio", sei que vou colher a alegria, os sorrisos, as boas palavras, a paciência, a tolerância, a boa vontade e a simplicidade que eu, desde agora, começo a semear nos outros.

Agora sou outra pessoa. Já estou forte e cheia de saúde; posso ajudar os outros; estou disposta a dar a mão às pessoas necessitadas. Só vou semear pensamentos positivos e saudáveis porque é isso que eu quero que os meus colham. Nunca falarei de doenças, medos e temores, porque não existem doenças, nem medos e nem temores em nossa casa, pois Deus está em cada um de nós. Deus tudo pode e é a nossa Força.

Agradeço e abençoo daqui para frente a vida. Ela é o mais belo presente de Deus.

Agradeço meu marido, que é maravilhoso; agradeço meus filhos; agradeço todas as pessoas com as quais me encontrarei hoje.

Tudo vai bem comigo.

Sou uma pessoa maravilhosa. Gosto de mim e todas as pessoas gostam de mim.

Muito obrigada. Muito obrigada. Muito obrigada".

Nessa mesma noite em que estive lá na casa dessa senhora, ela levantou e foi tomar café comigo e com seus familiares. Hoje essa senhora está muito bem, é alegre e saudável.

## ACABE COM A DOR E SORRIA

"Bem-aventurados sois vós que chorais – haveis de rir". Esta afirmação é de Jesus. Ele admite a existência de momentos de dor, mas quer que a dor se transforme em riso.

A dor é um sino que serve para anunciar que alguma coisa não vai bem em você. A dor é a sirene da mente e do corpo. Depois de emitido o aviso, sua presença é desnecessária. É correto e saudável, portanto, querer que a dor desapareça.

Certo dia, ouvi um conferencista fazer uma verdadeira apologia da dor, entendendo-a necessária para que o homem se purifique, se encontre consigo mesmo e se encontre com Deus. Dizia ele, ainda, que a dor é o destino do homem e que a vida é cheia de dor, da qual ninguém escapa, porque a vida é assim mesmo. Aquele palestrante chegou ao ponto de dizer que "a grandeza do ser humano é refletir sobre a sua morte e a sua dor". Ele defendia a tese de que a essência da vida é a dor.

No horário destinado a perguntas relacionadas com o tema, defendi o ponto de vista de que a essência da vida é o amor e não a dor; todo o ser humano busca o amor, a paz, a alegria, o prazer, a felicidade, a saúde, o bem-estar, e não a dor. Se o ser humano busca esses dons é porque eles lhe são devidos naturalmente; como a dor é a antítese desse estado, deve ela ser eliminada. A nossa essência é divina e na divindade não existe dor. A dor ocorre por uma contingência errônea e nosso esforço é atingirmos um estado tão perfeito no qual a dor não tenha vez.

Todos nós desejamos livrar-nos da dor; logo, não é uma coisa boa e nem é parte intrínseca da criatura humana.

Se agora você chora, alegre-se porque logo estará rindo e essa alegria será mais intensa devido ao contraste com a situação anterior. Assim como após a tempestade nascem os dias mais lindos, após o sofrimento a alegria é mais exuberante e a vida é mais valorizada.

Ao invés de meditar sobre a morte e sobre a dor, medite sobre a Vida e sobre a alegria.

Aceitar a proposição de que o homem deve sofrer para ser bom e para lembrar-se de Deus é o mesmo que um pai ou uma mãe desejar que seu filho sofra e passe trabalho na vida para que se lembre deles.

A origem da dor pode ser física ou mental, mas sempre vai repercutir na mente. Tire a dor da sua mente e a dor deixará de existir.

## COMO TIRAR A DOR

Há muitos remédios, comprimidos e injeções que se usam para tirar a dor. Mas não é deste método que me aterei aqui, pois esses são bem conhecidos.

A questão é se a gente pode desfazer a dor pelo poder da mente. A resposta é sim.

Você pode tirar a dor de uma pessoa simplesmente impondo as mãos sobre a cabeça do paciente e mentalizando, com sentimento e com convicção, que a dor vai indo embora e que a pessoa está lhe dizendo que não sente mais nada. A sua energia curadora se transferiu para o paciente e equilibrou o estado de saúde.

Outra maneira de tirar a dor é pela sugestão: faça com que o paciente se coloque numa posição confortável, de olhos fechados, atento somente ao que você fala. Diga com sentimento, com seriedade, com convicção, com fé, com voz decidida, intensa, vibrante e branda ao mesmo tempo, e com desejo sincero: "Está passando, está passando, está passando, está passando, está passando...Cabeça aliviada, cabeça aliviada, cabeça aliviada, cabeça aliviada..."

A repetição torna a sugestão mais eficaz e mais forte.

Você pode também se autossugestionar. Repita para si mesmo, com sentimento de poder: "aliviado, aliviado, aliviado". E, ao mesmo tempo, imagine-se em ótimo estado de saúde e bem-disposto. O subconsciente receberá a ordem e a cumprirá.

Você pode, ainda, sugerir-se que vai contar de vinte a um e, ao contar um, não sentirá mais dor e estará completamente saudável. Ao terminar de contar, desligue-se do problema e passe a ocupar-se de qualquer outra coisa.

Este método você pode empregá-lo para tirar a dor de outrem. Se não passar totalmente, volte a repetir a operação. Dá resultado.

Se periodicamente você sofre de dores, como, por exemplo, cólicas menstruais, dor de cabeça ao amanhecer, dor de cabeça em dia de vento norte, dor nas pernas ao caminhar, assim por diante, faça uma frase carregada de energia positiva, ou, mesmo, uma palavra, e a repita muitas vezes por dia. Seu subconsciente abandonará a programação anterior e assumirá essa nova programação definitiva.

Um ritual pode também ser usado para eliminar a dor. Por exemplo: pegue um copo cheio de água, imponha as mãos sobre a água e irradie mentalmente uma luz azul-analgésica; em seguida, faça uma prece para que o líquido receba energia calmante.

Lembre-se, no entanto, que, tirando a dor, não significa que a doença esteja curada. Aí o caminho é outro. Mas, você pode curar seus males sem precisar sofrer dores.

## PEÇA AUXÍLIO AO SEU GUIA PODEROSO

Tenha um guia todo-poderoso, amigo, solícito, compassivo e atencioso, à sua disposição.

Coloque-se numa posição confortável, relaxe completamente, entre em nível alfa ou em estado de concentração, e deseje sinceramente ter um guia amigo, sábio, protetor, todo-poderoso. Veja-o surgir de repente na sua tela mental; imagine-o, crie-o. Pode ser um personagem estranho, pode ser seu anjo da guarda; Jesus Cristo; algum santo de sua devoção; um gênio da humanidade; um cientista; uma pessoa amiga, conhecida, muito querida, na qual você confia; enfim, você vai ver surgir o seu amigo ou a sua amiga de todas as horas, seu conselheiro, seu curador, seu herói, seu apoio. Dias atrás, li sobre Santa Rosa de Lima que ela tinha constantemente junto de si seu Anjo da Guarda, com quem conversava.

Agora que você já tem seu guia, toda vez que desejar algo, toda vez que estiver em dificuldade, toda vez que estiver doente e com dores, toda vez que precisa alcançar algum objetivo na vida, entre no secreto da sua mente – como ensinava Jesus – e converse com seu conselheiro. Este lhe dará orientação, eliminará suas dores e resolverá seus problemas. Confie nele. Ele é todo-poderoso e sábio. Imagine-o assim, evidentemente.

Ele existe. Ou ela. Tudo que você cria na mente, existe. Não é preciso apelar para a crença espírita para ter um guia. Você mesmo o terá dessa forma e ele será tão verdadeiro como a própria realidade. Confie nele. Daqui para frente, sua vida andará no caminho certo, com sucesso. Mas, espere um pouco: não estou dizendo que deva usar esse método. É apenas sugestão.

## SOLUCIONE O PROBLEMA DO FILHINHO QUANDO ELE ESTÁ DORMINDO

Quando a pessoa dorme, a mente consciente está passiva, desligada, mas o subconsciente funciona normalmente.

Você pode aproveitar esse momento em que a mente consciente - não raro cheia de imagens negativas, medos, traumas, oposição, e condicionada por hábitos compulsivos - está adormecida, para gravar no subconsciente do seu filhinho mensagens benéficas.

Você pode usar esse método para curar a doença do seu filhinho ou para limpar maus hábitos da mente do pequeno, como, por exemplo, o hábito de fazer xixi na cama, de gaguejar, de ser irritadiço e nervoso, de ser desobediente, de não caminhar, de não falar, etc.

O subconsciente está sempre desperto. Tudo aquilo que o subconsciente aceita como verdadeiro ele cumpre, portanto eis aí um momento adequado e muito próprio para ajudar o seu filhinho. Os resultados serão proveitosos.

Quando seu filhinho estiver dormindo, dirija-se até ele e, a uma distância de mais ou menos meio metro, fale carinhosamente aquilo que deseja que aconteça nele. Em primeiro lugar, diga que o ama muito, que todos os familiares – o pai, a mãe, os manos – o amam muito e que ele é muito querido, pois pode ser que a causa do problema seja um sentimento de rejeição.

Em seguida, dê ordens claras e diretas. Se ele faz xixi na cama, diga isso:

"Meu filho, você é sadio, você é normal, você é perfeito, por isso quando sentir vontade de fazer xixi você vai acordar e vai para o banheiro. Ao sentir necessidade de fazer xixi, você vai acordar e vai para o banheiro. Fará xixi normalmente e voltará para sua cama e dormirá um sono calmo e saudável. Sei que você é sadio. Todos os seus órgãos obedecem você. Agora você decidiu que levantará quando quer fazer xixi, e por isso sempre acordará quando tiver necessidade, e fará xixi no banheiro, no banheiro, no banheiro, voltando depois para a sua caminha, e dormirá um sono calmo e saudável. Todos estamos contentes com você. Agora está tudo bem com você. Boa-noite, durma bem!".

Se a criança não consegue caminhar, vá todas as noites junto a ela, quando está dormindo, e diga-lhe com sentimento e convicção:

"Meu filho, nós amamos muito você. Você é muito querido da mamãe, do papai, dos maninhos. Todos nós adoramos você. Você é maravilhoso, é inteligente, é forte, é sadio. Você é filho de Deus perfeito, por isso pode caminhar normalmente. Seus ossos são fortes, seus músculos são firmes, seus nervos são vigorosos e sua mente dirige corretamente o seu caminhar. Deus está com você, Deus é a sua força. Deus quer a sua saúde e por isso amanhã você vai querer caminhar normalmente. Amanhã você sentirá vontade de caminhar normalmente e vai caminhar normalmente. Faça, não tenha medo. Deus está guiando você. Tudo está dando certo. Você é perfeito, forte e sadio. Amanhã você sentirá desejos de caminhar e vai caminhar. Agora durma bem, durma com Deus. Enquanto você dorme, o Poder Curador

Divino estará restabelecendo a ordem e a saúde na sua mente e em todo o seu corpo. Boa-noite. Dorme com Deus".

O subconsciente receberá as ordens e, pela força da repetição, aceitará a sugestão, a determinação, a oração, e cumprirá.

Há a possibilidade de gravar uma mensagem dessas num gravador e fazer com que essa ordem seja repetida durante toda a noite, de quinze em quinze minutos, por exemplo.

Dá mais certo, no entanto, a presença real da mãe, porque nela o pequeno confia e acredita; além disso, dela se desprende uma energia curadora que vai atuar, juntamente com as palavras, na mente da criança. Mas, todos os métodos e todos os esforços são válidos. É preciso, no entanto, crer na força restauradora do subconsciente.

"Àquele que crer, tudo é possível", disse Jesus Cristo.

Se a fé pode transportar montanhas, com muito mais facilidade pode mover as causas da doença e da atrofia, ou do trauma, fazendo com que a Presença Divina se manifeste em toda plenitude no ser humano.

Faça, acredite, persista. E o milagre acontecerá.

## SUPERE SEUS HÁBITOS PREJUDICIAIS E DOENTIOS

- Sabe, meu filho precisava emagrecer e emagreceu, em pouco tempo, quatro quilos. E isso aconteceu pelo poder da mente.

- Como é que ele fez? – perguntei a essa senhora, que me falava toda entusiasmada.

- Dei-lhe uns pensamentos, que encontrei num livro; ele os repete algumas vezes por dia e, à noite, adormece com a mente fixa nesses pensamentos.

Uma outra senhora contou que com ela acontecera o mesmo. Seu peso sempre fora rebelde a receitas de emagrecimento e, no entanto, não resistira ao tratamento mental.

Aí está a realidade do velho axioma latino: Mens sana in córpore sano. Uma mente sadia produz um corpo sadio.

Se você considerar bem, verá que é o hábito de pensar que

faz a mente e o corpo sadios ou doentes.

O hábito é o resultado de um pensamento arraigado, insistido, repisado, reforçado diariamente.

Dias atrás, assisti a um filme antigo do Gordo e o Magro. Eles tinham ido para a guerra. O Gordo fora chamado a intervir numa batalha enquanto que o Magro ficara patrulhando a sua trincheira. A guerra havia terminado há trinta anos e o Magro continuava, sozinho, patrulhando a sua trincheira, percorrendo de fuzil às costas, todo o fosso, de ponta à ponta. Onde ele pisava já se formara um valo de mais de um metro de profundidade.

Creio que esse é o efeito do hábito. A repetição o vai aprofundando sempre mais e mais.

Existem hábitos saudáveis e hábitos prejudiciais.

## VENÇA FACILMENTE O HÁBITO DE BEBER

Quando comecei a conversar com um alcoólatra, ele me falou, desanimado:

- Não consigo deixar de beber. Tento parar, mas me sinto compelido irresistivelmente para a bebida e aí todo o meu esforço vai por água abaixo. Não tem jeito. É como diz aquele ditado: Quanto mais me benzo mais o diabo me aparece.

Veja você que pensamento arraigado e profundo ele tinha a respeito da bebida. Com essa programação mental, nem com ameaça de morte deixaria de beber. Fixou na mente que não conseguiria parar de beber e o subconsciente realizava plenamente o seu desejo.

O hábito de beber não é nada mais do que um hábito como qualquer outro, alimentado todo o dia por pensamentos nessa direção: quando um alcoólatra vê uma garrafa, pensa na bebida; quando vê um copo, pensa na bebida; quando vê um bar ou boteco, pensa na bebida; quando vê uma propaganda de bebida alcoólica, pensa em beber; quando vê alguém bebendo, pensa em beber; quando vê um companheiro de taça, pensa em beber; quando ouve alguém falar em cerveja, uísque, cachaça, etc.., pensa em beber; enfim, diariamente manda para o seu subconsciente um monte de sugestões para beber. Ora, é lógico e racional que seja atraído para a bebida. Se tal não acontecesse, teria falhado a lei do Poder da Mente.

Aquele homem estava achando impossível deixar de beber, mas eu lhe expliquei que um dia ele não bebia e nem sentia atração pela bebida. Isso significa que não nasceu bebendo; consequentemente, o fato de agora beber era apenas um hábito que ele fora cultivando até à obsessão.

Pois bem, a solução estava em criar um outro pensamento e um outro desejo mais forte.

Assim como o poder da sua mente criara aquela força irresistível em direção à bebida, da mesma forma, e com o mesmo sucesso, o poder da sua mente poderia criar outro hábito, o de não se interessar pela bebida alcoólica.

Quanto mais o seu pensamento for emocionalizado pelo desejo sincero e ardente, com mais rapidez e força o subconsciente o torna realidade. É a lei mental de que toda ação produz uma reação correspondente. O igual atrai o igual. O pensamento de desinteresse pela bebida atrai o desejo de evitar a bebida.

Qualquer hábito pode ser eliminado, sem maiores sofrimentos e torturas, seja o hábito de beber, de fumar, de consumir drogas, ou outro qualquer. Basta criar na mente a imagem constante em que você se vê livre desse hábito. Inverta os polos do pensamento e diga repetidamente, com convicção, muitas vezes por dia, uma frase que tenha a força de expressar o seu desejo. Exemplos: *LIVRE PARA SEMPRE;* ou então: *VENCI;* quem sabe, esta frase: *SÓ BEBO ÁGUA E REFRIGERANTES;* ou então: *SÓ GOSTO DE ÁGUA.* É preciso, no entanto, criar vibrações poderosas na frase escolhida. Assim, o subconsciente ficará impregnado desse novo pensamento magnetizado e cumprirá o recado.

O que você tem a fazer, portanto, é mentalizar uma frase poderosa com fé muitas vezes por dia. Faça isso, mesmo que inicialmente nada aconteça.

Um dia, escrevi uma carta a um amigo de São Paulo. Como sempre colocávamos frases pomposas ou jocosas na abertura da carta, dessa vez me veio à mente uma frase monumental. Parodiei o grande matemático Arquimedes e escrevi: "Dai-me um pensamento de apoio e levantarei o mundo".

Digo-o sinceramente e convicto para toda a pessoa de boa vontade, que se debate em algum hábito desagradável: "Dá-me um pensamento de apoio e levantarei o teu vício".

O viciado, a partir do momento em que se autossugestionar de que só gosta de beber água e refrigerantes e sucos, estará caminhando rapidamente para a vitória total.

É muito importante o uso da imaginação. A imaginação tem mais força do que a vontade. No conflito entre imaginação e vontade, a imaginação sempre vence, como já lhe expliquei neste livro.

Crie, então, um filmezinho mental no qual se vê sendo cumprimentado pelo patrão por ter deixado de beber; num outro quadro do filme veja-se sendo beijado com entusiasmo pela esposa, que lhe diz: "Querido, meus parabéns, agora nós somos felizes"; ainda, num outro quadro mental veja-se carinhosamente abraçado com toda ternura e felicidade, pela filhinha(o), que lhe diz: "Papai, muito obrigado, agora eu gosto tanto, tanto, de você!"

A imaginação é a força do subconsciente. Use e abuse da imaginação em seu benefício.

Por outro lado, se promete mais uma vez que não vai beber mais e forceja para isso, mas a sua imaginação fica rodeando uma garrafa de bebida alcoólica, seu subconsciente vai atender a esse apelo, que já está reforçado pelo hábito de tanto tempo.

Recordo-lhe, mais uma vez, que a cura pelo poder da mente não vai exigir-lhe sofrimentos intensos, como você supõe. Nada disso. Pense na alegria de ser uma pessoa sadia, vitoriosa, alegre, segura, dona de si. Adormeça com esses pensamentos na mente e verá o milagre acontecer em si. Essas mesmas ideias valem também para se libertar da droga.

*Lauro Trevisan*

## SALVE-SE DO ESTRESSE E PRODUZA MAIS, VIVENDO MELHOR

O ritmo agitado, e até mesmo alucinante, da vida moderna, está causando muitos prejuízos ao ser humano. Os negócios inseguros, os compromissos deixando a cabeça do tamanho de um bonde, os conflitos diários no relacionamento familiar, as complicações no emprego, as exigências demasiadas da vida, a disputa entredevoradora por uma vaga no emprego, no vestibular, no cargo... e lá vai você entrando em parafuso. O estresse prejudica a saúde e a produtividade, além de perturbar o estado de vigília e de sono.

Uma pessoa estressada sente-se ansiosa e exausta; é irritadiça; sua capacidade e eficiência vão se limitando sempre mais e mais; o sono já não é repousante e os sonhos caminham para o estado de pesadelo; há grande dificuldade de pegar no sono. Surge, então, o fantasma da insônia.

A insônia mantém o estresse e faz com que a pessoa levante, pela manhã, ainda mais fatigada e sem vontade.

Resta, então, uma tábua de salvação: os soníferos. Segundo estatísticas de 1970, (veja bem, 1970), companhias de produtos farmacêuticos, nos Estados Unidos, fabricaram cinco bilhões de doses de tranquilizantes, cinco bilhões de barbitúricos, cinco bilhões de anfetaminas, e os médicos norte-americanos prescreveram mais de duzentos milhões de receitas para tais drogas. Mas, de acordo com os médicos Harold Bloomfield, Michael Peter Cain e Dennis T. Jaffe, "as pílulas para dormir prescritas com tanta frequência, são uma bênção duvidosa; a maioria desses medicamentos interfere na capacidade de sonhar, um componente necessário para o descanso bem-sucedido".

## RELAXE E SINTA A ALEGRIA DE VIVER E PRODUZIR

A medicina reconheceu, há muito, que o repouso é a precondição básica para todos os processos regenerativos. O sono regenera o corpo e fornece suficiente repouso para normalizar a tensão psíquica através do sonho. O sonho é um subproduto da descarga de estresse realizada pelo sono e permite mais sono profundo.

Infelizmente, está se chegando à conclusão de que, no mundo conturbado de hoje, o sono não parece suficiente para contrabalançar os estresses em que incorre a maioria das pessoas envolvidas na correria dos nossos tempos.

É preciso fazer algo mais.

E esse algo mais, para mim, já tem nome. Chama-se relax. Você deve aprender a relaxar durante o dia e fazer do relax um hábito constante de sua vida. O relax liberta o corpo e a mente da tensão. Pelo relaxamento, você se sentirá aliviado, calmo, e os problemas começarão a diminuir de tamanho. Muitos problemas desaparecerão, como por encanto, só pelo cultivo da calma. Leve em conta que, quanto mais estressado estiver, menor será a sua capacidade de resolver os problemas e, consequentemente, maior força eles terão.

O relaxamento leva você a um nível de consciência mais profundo, o nível alfa, e este nível amplia o campo de sua capacidade mental.

Há vários métodos para relax. Desde que cumpram a finalidade, todos são válidos. Use o método que mais efeito produza em você. O importante é que consiga relaxar completamente seu corpo e sua mente. Em outra parte deste livro você encontrará um método de relaxar bem simples e proveitoso.

Uma das maneiras muito simples de relaxar é respirar profunda e calmamente várias vezes. O controle da respiração já ajuda a enxugar a adrenalina e a re-harmonizar o funcionamento orgânico.

Jesus já havia avisado que a vida, o sucesso, a prosperidade e a alegria, são resultado de estado mental de calma: "Bem-aventurados os calmos porque eles possuirão a terra".

# CAPÍTULO IV

# AMOR, CASAMENTO E FAMÍLIA

> *A vida é um amor*
> *para quem tem um Amor*
> *na vida.*

**T**empos atrás, encontrei, numa folha velha e perdida, a narrativa de uma lenda hindu. Contava assim: "Deus tomou a redondeza da lua e a ondulação da serpente; o entrelaçamento da trepadeira e o tremer da erva; a esbelteza do caniço e a frescura da rosa; a ligeireza da folha e o aveludado do pêssego; o olhar lânguido da corça e a inconstância da brisa; o pranto da nuvem e a alegria do sol; a timidez da lebre e a vaidade do pavão; a doçura da penugem que guarnece a garganta dos pássaros e a dureza do diamante; o sabor doce do mel e a crueldade do tigre; o gelo da neve e o calor do fogo; o cacarejar do galo e o arrulho da rola. Misturou tudo isso e fez a mulher. Ela era graciosa e sedutora. E, achando-a mais bela que a íbis e a gazela, Deus, orgulhoso de sua obra, admirou-a e deu-a de presente ao homem.

Oito dias depois, o homem, bastante confuso, procurou Deus e lhe disse: "Senhor, a criatura que me ofereceste envenena a minha existência; tagarela sem cessar, lamenta-se a propósito de tudo, chora e ri ao mesmo tempo, é inquieta, exigente e melindrosa; está sempre me importunando e não me deixa um instante de sossego. Suplico-te, Senhor, chama-a de volta para ti, pois não posso viver com ela".

E Deus, paternalmente, retomou a mulher.

Mas, passados oito dias, o homem voltou a procurar a Deus: "Senhor, minha vida é uma solidão, desde que te restituí aquela criatura. Ela cantava e dançava na minha frente. Que suave expressão tinha ela quando me olhava de lado, sem voltar a cabeça! Ela brincava comigo. E não há fruto mais delicioso, de nenhuma árvore, que se compare às suas carícias! Imploro que ma devolvas. Não posso viver sem ela!".

E Deus devolveu-lhe a mulher.

Passaram-se mais oito dias e Deus franziu o cenho, vendo surgir o homem que empurrava a mulher dizendo: "Senhor, não sei como isso acontece, mas a verdade é que esta mulher me dá mais aborrecimento do que prazer. Fica com ela, que eu não a quero mais!".

A tais palavras, o Senhor lhe disse: "Homem, regressa à tua casa com tua companheira e aprende a suportá-la. Se eu a aceitasse de volta, daqui a oito dias tu virias de novo importunar-me para reavê-la. Vai e leva-a contigo".

E o homem se retirou murmurando: "Como eu sou infeliz, duplamente infeliz, porque não posso viver com ela e não posso viver sem ela!"

A história da lenda se repete em muitos casais. Nada fazem para cultivar o amor, o bom entendimento, a paz, a harmonia, a felicidade, e querem que tudo aconteça como o maná caído do céu. Pior ainda, passam o dia cultivando mágoas, ressentimentos, agressividades, desrespeitos, insultos, e querem que dessas ervas daninhas nasçam rosas e violetas.

Se você se uniu por amor, aí está a base de uma vida cheia de alegrias e de prazer.

Comece a habituar-se a alimentar o amor, a cultivar o amor, a regar todos os dias a plantinha delicada, linda e perfumada do amor. Se assim não fizer, pode trocar de mulher ou de homem cem vezes e a história da lenda se repetirá com você.

## AMOR: A MAIOR FORÇA DO MUNDO

O mundo é realmente lindo, habitável e fraterno quando for visto pelos olhos do amor.

Em meados do século vinte, os homens inventaram uma nave maravilhosa que os transportou até a lua. Fabricaram depois outras naves que continuam percorrendo os espaços siderais e seguirão além da nossa galáxia. Os homens inventaram milhões de coisas mirabolantes, como, por exemplo, os sofisticados computadores, a internet, os satélites artificiais, assim por diante.

Mas, a invenção mais estupenda de todos os tempos foi o amor. O inventor era dotado de Sabedoria Infinita.

O amor é a razão de ser da existência humana e da existência do mundo.

Você foi imaginado por amor, nasceu por amor, cresceu por amor e vive por amor e no amor. O amor é a substância vital da sua existência.

A sua vida, cada passo, cada respiração, cada gesto, tem maior ou menor sentido de acordo com a densidade de amor existente em você.

Quando você tem o coração iluminado, aquecido e colorido pelo amor, o mundo torna-se lindo, um milagre maravilhoso que se renova em cada coisa a cada momento.

Quem ama, sente a poesia do entardecer, a nostalgia profunda de uma garça pousada à beira de um lago; curte a emoção misteriosa de uma noite de luar a estender réstias de prata pelos telhados, pelas árvores e pelos rios; imerge na grandeza majestosa das montanhas erguidas para o céu em silenciosa oração; quem ama, enfim, vivencia o prazer da vida e desfruta-a em toda a plenitude.

## COMECE AMANDO-SE A SI MESMO

Quando perguntaram ao Mestre qual era o maior de todos os mandamentos, ou, em outras palavras, de que maneira uma pessoa poderia se realizar plenamente na vida, ele respondeu com a frase mais curta, mais profunda e mais verdadeira da História: "Amarás ao Senhor, teu Deus, de todo o teu coração, com toda a tua mente, e ao teu próximo como a ti mesmo".

Talvez até agora você tenha percebido, nesta afirmação de Jesus, dois pontos de referência: Deus e o próximo. Mas há um terceiro ponto de referência: você mesmo.

Esta é a grande verdade: ninguém ama a Deus e nem ao próximo se não ama a si mesmo.

Esqueça, portanto, toda a educação que mandava desprezar-se, cultivar modéstia de porão, castigar o corpo, e outras coisas semelhantes. Se você não se ama, não conseguirá amar a Deus e nem ao próximo. Na verdade, os três são uma unidade apenas: Deus está em você e o próximo é a outra parte de você; portanto, se você está na pior, colocará na pior os outros dois.

Ame-se a si mesmo. Tenha carinho para com o seu corpo, queira bem ao seu corpo; sinta-se benquisto, simpático, atraente, querido. Goste de si do fundo do seu coração e tenha orgulho de si.

Se você se ama, vai amar, ao natural, sem esforço, tanto a Deus como ao próximo.

## O AMOR LIBERTA

Ama e faze o que quiseres – disse Santo Agostinho. O amor liberta. Quando a sua mente e o seu coração estiverem cheios de amor, tudo o que você pensar e fizer, será só amor e, então, uma luz doirada de amor se irradiará de você para toda a humanidade.

A liberdade, portanto, não mata o amor, mas o faz atingir as maiores culminâncias.

"Ama e faze o que quiseres", pois sempre quererá, infalivelmente, só as boas coisas da vida, e estas lhe são devidas por direito inato.

O amor é a maior fonte geradora de energias.

O amor cura as doenças e restabelece a harmonia e o equilíbrio da mente, do coração afetivo e do corpo.

Quando você ama, fará o que quiser, porque todos os obstáculos desmoronarão. Conseguirá superar montanhas intransponíveis, vencerá dores e doenças mortais, unirá as forças estraçalhadas, porá fim às guerras, aos homicídios, às vinganças.

O amor fará você alcançar o céu aqui na terra.

Sempre que o seu coração estiver florido de amor; sempre

que o seu coração estiver gerando amor como uma milagrosa máquina divina, sua vida será agradável e abençoada. Você terá saúde, porque estará em paz consigo mesmo e com os outros. E o mundo será um paraíso para si, pois toda vez que enxergar o mundo com os olhos iluminados do coração, ele se tornará um paraíso.

Viva a vida. Sinta a vida. Respire a vida. Com amor. Pelo amor. Por amor. E terá o céu dentro de si. E fora de si.

## DOIS POEMAS DE AMOR

Para você mergulhar nas maravilhas do amor, vou lhe oferecer estes dois poemas, que compus, certa vez:

### AMOR

"Grande como o Everest, vulcânico como o Vesúvio, suave como o pôr-do-sol, delicado como o orvalho, sublime como a divindade: o amor.

Quatro letras pequeninas, mas do tamanho do mundo.

Amor, a religião numa palavra.

Amor, a razão de ser da vida.

Amor, essência da criatura humana.

Amor, sinônimo de felicidade.

Se não tiveres amor em teu coração, procura-o onde quer que ele esteja, sob pena de desceres à categoria do reino mineral.

Procura-o no céu, nas flores, no poente, no luar, na prece, em outro coração, na fonte cristalina, na criança, na mãe, na juventude.

Procura-o sem cessar.

Um dia, talvez, descobrirás que o hábitat do amor é o coração.

Ardente, ou sereno, ou adormecido, ou expansivo, ou sensível, ou delicado, ou enfermo, ou explosivo, ou morto, ou sob qualquer outra forma, ele está ali, no coração de cada um.

Vê, o mundo é aquilo que for o amor no teu coração.

Se teu coração estiver vazio, o mundo é, para ti, um deserto.

Se o amor ilumina o teu coração, o mundo é belo, fascinante e feliz.

E tu também".

## PARA TI QUE AMAS

"Quando em teu coração desabrocha, cheia de vida, a flor perfumada do amor, lembra-te que alguém a plantou, certo dia, dentro de ti.

Quando o teu coração se ilumina do suave colorido do pôr-do-sol, lembra-te que alguém amanheceu contigo.

Quando o fogo da paixão abrasa o teu coração, consumindo todas as tuas fibras, na imolação do prazer, lembra-te que alguém acendeu essa chama.

Quanto teu coração estiver bordado de sonhos dourados, tecidos com fios de luar, lembra-te que alguém coloriu teu mundo interior.

Quando a noite encontrar-te com o coração partido e angustiado pelas amarguras colhidas durante o dia, lembra-te que alguém possui o lenitivo de que precisas.

Quanto teu rosto não puder conter a torrente de lágrimas que se afundam pelas dobras do travesseiro, lembra-te que existe alguém te esperando de lenço na mão.

Quando a insônia te revolve desesperadamente na cama, lembra-te que alguém pode semear sonhos de paz em tua mente.

Quando a solidão te oprimir e o teu grito não encontrar eco, lembra-te que lá do outro lado alguém ama a tua companhia e entende o teu clamor.

Quando os teus segredos não couberem mais dentro de ti, ameaçando romper os diques da tua alma, lembra-te que existe alguém disposto a recolhê-los e guardá-los com o carinho e a dignidade que tu esperas.

Quando em teu coração mora o azul do céu, a calidez do sol, o gorjeio dos pássaros, o perfume das flores, a nostalgia do entardecer, o encanto das manhãs, a serenidade dos lagos e o sorriso da ventura, lembra-te que alguém tocou o teu coração com a varinha mágica do amor.

Ó tu, que amas e vives no controvertido mundo do arco-íris e da escuridão, da calma e da agitação, da paz e da instabilidade, saibas que existe mais alguém habitando o teu planeta!

Nas horas felizes, partilha com ele teus sorrisos; nas horas de solidão, vai, levanta-te e o procura, onde quer que ele esteja.

Ele não é senão parte de ti, assim como tu és parte dele.

Não olhes o relógio! Que importam as horas? A vida é tão curta, não há tempo a perder.

Ó tu, que amas, se tiveres a coragem e a singeleza de assim o fazer, abre teus lábios e canta o milagre do amor, porque só o amor aproxima as pessoas e faz com que falem a mesma linguagem!"

## ORAÇÃO PARA QUEM PERDEU O SEU AMOR

Frequentemente recebo pessoas desesperadas porque o seu Amor foi embora, carregado pelos vagalhões da vida. São muitas as cartas, também, que me chegam com um grito de SOS diante da iminência do naufrágio de um grande amor. Sei que são muitos os casais, em vias de separação, que tentam se agarrar em qualquer tábua de salvação.

Vou oferecer uma luzinha salvadora diante da escuridão da noite do desamor.

Se você está perdido num túnel escuro, ou se você quer salvar o seu Amor ou, ainda, se anda em busca do seu verdadeiro Amor, mentalize com fé esta oração científica e todo-poderosa, que tem realizado verdadeiras maravilhas:

"Sei e acredito que o meu amor é ilimitado.

Se alguém, que eu amava tanto, se foi, reconheço que não levou o bem mais precioso que eu tenho, que é a capacidade de amar.

Se alguém, que eu busquei durante tanto tempo na minha vida, ainda não chegou, sei que virá em minha direção. O meu coração está aberto e cheio de amor para dar. Sim, eu tenho dentro de mim um coração cheio de amor e como, pela lei da mente, o semelhante atrai o semelhante, o meu amor está atraindo para mim um grande Amor.

Jesus, o maior sábio de todos os tempos, disse, certa vez, que tudo o que eu pedir, ao Pai, em oração, crendo, eu receberei. Tudo. Um grande Amor também. Principalmente um grande Amor. Porque o amor é a razão de ser da vida de qualquer pessoa. Ele afirmou esta sentença porque entendia do poder da mente. Ele sabia e lembrou que tudo o que é desejável é realizável, desde que eu tenha fé decidida de que assim é e assim será.

Eu acredito que minha mente subconsciente está ligada na mente subconsciente de todas as pessoas do mundo, por isso a inteligência infinita da minha mente subconsciente sabe onde está a pessoa que me ama, que combina comigo, que adora estar comigo e que quer me fazer feliz.

A Sabedoria Infinita, que está em mim, sabe como é o meu coração, sabe dos meus sentimentos e desejos e, portanto, sabe que eu desejo amar e fazer feliz essa pessoa que anda à minha procura e que é parte de mim.

Desde o momento em que a minha mente saiu em busca de um Amor, sou como uma metade que está atraindo a outra metade, cuja união e fusão formarão uma unidade perfeita, harmônica e completa. Foi isso mesmo que disse Deus, na Bíblia: "E os dois serão um só corpo e um só espírito".

Isso é maravilhoso!

Minha mente agora é um aparelho transmissor que está emitindo uma mensagem de amor para todos os recantos da terra, onde quer que exista um ser humano, e sei que há uma pessoa querida, maravilhosa, terna e amorosa, como a imagino, que está sintonizando minha mensagem e vem vindo na minha direção.

Muito obrigado a você, Amor, porque já está em mim e comigo.

Adoro a sua beleza. Adoro a sua personalidade sadia e inteligente. Adoro seu coração cheio de afetos e de sentimentos lindos e profundos a meu respeito. Adoro a sua capacidade de compreensão e o apoio que já está me dando. Adoro o seu sorriso festivo e o seu entusiasmo por tudo aquilo que eu faço e por tudo o que desejo da vida. Adoro a sua presença calma e confiante. Adoro seu espírito criativo, que sempre tem surpresas para me encantar e para avivar o nosso amor.

Sabe, é admirável como você é exatamente a pessoa com a qual eu sempre sonhei. Até mesmo este seu espírito aberto e positivo, que sabe levar a vida com fé e otimismo, é bem como eu queria.

Eu tenho um coração cheio de ternura para dar a você.

Eu tenho um amor inesgotável para dar-lhe a cada momento do dia.

Eu respeito você, assim como você é, com essas qualidades, com essas ansiedades, com essas fraquezas, com essa imensa boa vontade.

Pode contar sempre comigo, nas horas boas e nas horas amargas.

Nosso amor está crescendo desde já, sempre vivo e livre, porque é na liberdade que o amor mais cresce e mais se aprofunda.

Amo os seus ideais e você ama os meus ideais.

Olha, eu não quero reformar e nem escravizar você, nem você quer me escravizar e nem me reformar; nós, no entanto, nos entendemos, nos estimulamos, nos ajudamos, e dialogamos calmamente até encontrarmos a Verdade, que não é minha propriedade e nem sua propriedade. É isso que nos mantém unidos e enlaçados no amor perene.

Sei que não estou sonhando e que não estou dizendo utopias.

A sua mente é uma com a minha, por isso já nos conhecemos e, tendo conhecido você dentro de mim, devo encontrar você fora, pois esta é a lei universal da mente e, por consequência, é a Lei do Criador, a lei do Pedido e do Atendimento, a lei da

Atração.

Muito obrigado porque você recebeu e ouviu o meu chamado.

Entre. A porta do meu coração está aberta para você.

Entremos e brindemos o nosso amor.

Eu sei que tudo isso já está realizado na Mente Divina e agora concluído e realizado em nós.

Muito obrigado, Pai.

Muito obrigado a você, por ter vindo.

Obrigado pelo nosso amor. Obrigado do fundo do meu coração e da minha mente.

Assim é e assim será".

## COMO ATRAIR UM BOM CASAMENTO

Há tempos uma jovem me disse que não podia mais acreditar em poder da mente, porque já fora noiva e, meses antes do casamento, ele desistiu, deixando-a na maior fossa do mundo.

Disse ela: "Hoje ele já é casado e eu ainda sou solteira. Não posso me conformar com isso. Esse cara é um cafajeste. Tomara que entre pelo cano. Sujeito sem coração, como ele, tem que se dar mal para aprender".

Expliquei para essa jovem que o ressentimento que nutria pelo ex-noivo estava trazendo resultados nefastos à sua vida. Ela estava amaldiçoando no outro o que desejava para si. Como poderia atrair para si o que amaldiçoava no outro? Assim, o poder da mente nunca poderia funcionar em seu benefício. Ela estava apagando a luz e, ao mesmo tempo, desejando que a luz ficasse acesa.

Pela lei da mente, tudo que se deseja a uma pessoa, se projeta, em primeiro lugar, naquele que o deseja, pois, pelo fato de criar este desejo, através do pensamento, já construiu a matriz, o clichê, a estampa desse desejo, em si mesmo.

A primeira coisa que a moça devia fazer era mudar os pensamentos e desejar toda felicidade ao ex-noivo; deixá-lo livre, libertando-se mentalmente dele.

Na verdade, não existe vantagem nenhuma em guardar ódios, invejas, ciúmes, porque estes sentimentos atuam em primeiro lugar na mente que os criou.

Não adianta querer para si um belo casamento se, ao mesmo tempo, está projetando no seu subconsciente pensamentos de frustração e de desencanto sobre o casamento. É uma contradição. E, entre dois pensamentos conflitantes, o mais forte e agressivo é o pensamento negativo. Daí que os resultados são o contrário do que deseja.

O subconsciente reage aos estímulos mais fortes e mais emocionalizados.

Compete a você, ou melhor, à sua mente consciente, selecionar os pensamentos e sentimentos de forma a só deixar penetrarem nos arcanos poderosos do subconsciente os pensamentos positivos, porque esses, e só esses, lhe trarão benefícios.

O que aquela jovem tinha que fazer era desescravizar sua mente do ex-noivo e desejar-lhe bom casamento.

Se ela estava usando o poder da mente para atrair um bom casamento, o fato de o rapaz deixá-la apenas significa que ele não era a pessoa certa para ela. Então, além de não ficar magoada, ainda deveria agradecer mentalmente ao moço por ter desistido em tempo e por lhe ter evitado uma vida de sofrimentos matrimoniais.

É fácil pensar assim quando se confia resolutamente no poder e na sabedoria da mente; é fácil pensar assim quando se tem certeza de que a Presença Infinita, que existe no íntimo humano, sabe quem é e onde está a pessoa desejada para um casamento ideal.

Existe uma expressão que denomina o cônjuge de cara-metade. Expressão correta. O casamento dá cem por cento certo quando se juntam as duas metades verdadeiras de uma unidade criada por uma Sabedoria Infinita. Neste caso, torna-se evidente a definição do casamento dada pelo Mestre Jesus: "E os dois se tornarão um só corpo e um só espírito".

Se você deseja ser feliz no casamento, o que tem a fazer é pedir à Sabedoria Infinita, que ilumina seu coração, que atraia para si a sua outra metade, a pessoa com a qual você combina, à qual vai dar todo o seu amor e da qual vai receber todo o amor. Imagine esse companheiro ou companheira ideal e dê-lhe vida na imaginação.

A imaginação irá sugestionar o seu subconsciente e este expressará na vida real o que você criou na mente de forma disciplinada e correta.

Mantenha-se alegre, confiante e agradável.

Acredite nas pessoas, porque elas são parte de você e de Deus.

Abra o seu coração e a sua mente para a vida. Sinta-se grande, importante e seguro neste mundo. Cultive alegria e bom humor.

Todos os dias, diga para si mesmo: "Este é um dia maravilhoso. Estou feliz. Meu rosto está bonito, rejuvenescido e atraente. Hoje terei sucesso. Saudarei a todo mundo e vou semear sorrisos por toda parte. Desejo todo o bem e todo o sucesso para todas as pessoas. Deus está em mim, me ama, vela por mim, e vai me trazer êxito, saúde, amizades, amor, e todas as boas coisas da vida. A Presença Infinita está atraindo para mim a pessoa que combina comigo. Quero dar-lhe, desde já, todo o meu amor. Dou-lhe liberdade para amar-me ainda mais e você me deixa livre para que o meu amor cresça sempre mais por você. Somos unidos, compreensivos, agradáveis, felizes, sinceros e leais. Assim é e assim será".

## O FILME MENTAL PARA ATRAIR SEU AMOR

Você já leu algumas vezes, neste livro, que o subconsciente não distingue entre imaginação e realidade. Para o subconsciente, vale o que se expressa na mente de forma vívida e nítida. Quanto mais intensa for a sua verdade mental, mais prontamente reagirá o seu subconsciente.

Um método eficiente para você alcançar o que deseja é o seguinte: coloque-se numa posição confortável, relaxe, feche os olhos, respire profundamente, ritmicamente, algumas vezes, e acalme a sua mente. Agora crie um pequeno filme mental. Por exemplo, se deseja ter um Amor na vida e casar, crie o seu filme mental, vendo-se colocar a aliança no dedo de sua amada (ou amado). Forme uma cena nítida e intensa na sua tela mental; veja-a, agora, colocando a aliança no seu dedo. Passe este filmezinho para o seu subconsciente à noite quando vai dormir. Repita-o algumas vezes por dia.

A imagem aceita e assimilada pela mente consciente se grava de forma mais profunda no subconsciente e a repetição ajuda a reforçar com mais vigor a gravação mental.

O resultado desejado acontecerá.

A lei irresistível da atração e da materialização da ideia imaginada lhe oferecerá a grata alegria de um grande Amor e um belo casamento.

Quando você acredita que o seu marido imaginado vem vindo ao seu encontro, ele, na verdade, já vem vindo ao seu encontro.

## E VOCÊS DOIS SERÃO UM CASAL ADORÁVEL

Aquela jovem senhora, de vinte e poucos anos, bonita e simpática, me dizia:

– Eu não sei o que está acontecendo comigo e com meu marido. Quando éramos namorados e noivos, o nosso relacionamento era uma maravilha. Agora, depois de casados, quando tudo deveria ir melhor ainda, a coisa não anda bem. Aos momentos de paz e de amor se sucedem momentos de rixas e de desentendimentos. Esses altos e baixos torturam a vida da gente.

Expliquei-lhe que, num primeiro momento, a vida a dois é um mar de rosas e de amor. Os dois se amam, se curtem, se entregam, se interpenetram afetivamente, emocionalmente, espiritualmente e fisicamente. Sentem que o amor cresce como uma avalancha, chegando até a um clima de êxtase, quando a paixão é desencadeada.

Depois de alguns meses, a paixão arrefece. Então, descobrem as diferenças, não raro conflitantes, de temperamentos, hábitos, crenças, gostos e preferências. Afloram os condicionamentos que formaram a estrutura mental da infância e da juventude, despontam as fraquezas e manias. É o momento de irem se ajustando pacientemente, dando mais ênfase às qualidades e à boa vontade. Ao invés de afundarem em áreas de atrito e tensão, desfrutem as alegrias da vida a dois. Se ficarem cultivando mágoas e cobranças, colherão desejos de separação. Então, os amantes que se prometeram amor eterno, agora ficam abismados e estarrecidos diante do incêndio devastador que está destruindo um casamento de inícios tão auspiciosos

O que acontecia com aquela senhora era que, no período de namoro e de noivado, tudo era endereçado na direção do amor: os encontros, as palavras, as flores, os carinhos, as mensagens, os presentes, os programas, as comemorações. Como os momentos de encontro eram de poucas horas por semana, não lhes interessava perderem tempo em discussões estéreis ou em assuntos que não dissessem respeito ao amor que se nutriam.

Depois de casados, a convivência passou a ser de vinte e quatro horas por dia. Além das horas de amor, havia as horas em que um ou outro se mostrava irritadiço, mal-humorado, grosseiro; surgiam situações em que os defeitos, antes não detectados, saltavam aos olhos do outro.

Mas, tudo tem solução e todo o casamento, por mais periclitante que esteja, pode entrar numa fase de harmonia, de bom entendimento e de paz.

## A LEI DA SINTONIA É PARA O BEM E PARA O MAL

É bom você entender porque acontece o fenômeno que pode levar o casal de um estágio inicial de amor para um segundo estágio de ódio.

Existe em cada pessoa uma espécie de aparelho emissor e receptor. Tudo que você pensa se projeta em você e se irradia para fora. Se outra pessoa, no caso o cônjuge, está na mesma frequência cerebral, os dois entrarão em sintonia e acontecerá como se duas baterias juntassem a carga, gerando o duplo da eletricidade e da força.

Agora você entenderá, por certo, estas três leis de sintonia:
1) Duas pessoas que se amam se afetam mutuamente, subjetivamente, de forma agradável e positiva, e essa força é multiplicada em ambos, porque há uma interpenetração já que ambos estão sintonizados no amor.
2) Duas pessoas que se odeiam se afetam mutuamente e essa força negativa se multiplica em cada uma e se realimenta a todo instante, porque ambas estão em sintonia.
3) Se um ama e outro odeia, as auras não se interpenetram, porque não há sintonia.

Este é o primeiro passo importante para a reconciliação: deixar de sintonizar os problemas do outro e permanecerem ambos na frequência mental de paz e amor.

Um dia, numa excursão, eu estava explicando para uma professora amiga a lei da sintonia. Como ela jazia envolta num ambiente de intrigas e de invejas, eu sugeri para ela: "Olha, quando alguém se irrita contra você, a ofende, a agride, a critica, ou provoca grosserias, não entre em sintonia com ela. Fique na sua, como se diz por aí. Agindo como está agindo, a outra pessoa revela que está enferma mentalmente. Se entrar em sintonia com ela, então você se contagia e passa a reagir da mesma forma. Lembre-se que é ela quem está doente e não você. Portanto, tenha pena dela, olhe-a compassivamente e até disponha-se a ajudá-la se o momento for propício. Se permanecer em outra frequência, além de não pegar o mal da outra pessoa, poderá irradiar para ela calma, equilíbrio emocional e paz de espírito.

Você já viajou de avião? Quando viaja de avião em dia de borrasca, ao entrar nas nuvens a aeronave enfrenta uma turbulência terrível, relâmpagos, raios, escuridão, uma situação que chega a assustar. Mas o avião continua subindo para sair fora dessa faixa perigosa e, ao atravessar as nuvens, de repente mergulha no céu azulado, límpido, cheio de sol. Aqui em cima, tudo é paz, alegria, serenidade e sol. Ali embaixo: tempestade, turbulência, raios, relâmpagos, ventos, negror. Percebeu o que é passar para outra frequência mental?"

Dias depois, encontrei-me com essa jovem professora e ela me disse entusiasmada: "Sabe, é joia entrar em outra frequência. Como é bom! Lá no colégio, no outro dia, estava todo mundo adoidado, xingando, brigando, reclamando, e eu "na minha". Até achava graça daquela guerra emocional. Bah, antes eu ficava maluca e revidava que nem uma fera! Agora, fico numa boa. E deixo as águas rolar".

Na vida a dois é muito importante se darem conta das leis de sintonia, porque, como há uma ligação muito profunda entre ambos, é extremamente fácil os dois entrarem em sintonia tanto nas horas boas como nas horas de desentendimento. A sintonia no amor é maravilhosa, necessária, linda, porque faz crescer a união. Mas, não deve haver sintonia quando um ou outro está tomado de ressentimentos, de mágoas, de ciúmes doentios, de nervosismo, de azedume.

## PERMANEÇA NA FREQUÊNCIA MENTAL DE PAZ E AMOR

Se permanecer sempre em paz, alegre, bem-humorado, agradável, tolerante, quando a esposa entrar numa onda de raiva, de irritabilidade ou de impaciência, você não será atingido e, ao mesmo tempo, estará trazendo a mulher para a sua frequência mental. Diga mentalmente: "Calma, calma, calma, calma, tudo está calmo..." Você verá que ela começa a se acalmar e as águas emocionais entrarão novamente em equilíbrio.

Não entre em discussões com seu parceiro. A discussão não leva a nada. A discussão sempre é feita em estado de alteração cerebral e aí não se chega a resultado nenhum. Recuse-se a discutir. Cultive o diálogo, isso sim. O diálogo sempre é feito em estado de calma, num ambiente sereno, com a cabeça fria e, neste caso, a lucidez mental é bem ativa, o que ajuda a encontrarem um denominador comum.

Quando a conversa descamba para a discussão, você deve de imediato parar. Nem que ele ou ela fique azucrinando seus ouvidos com montões de insultos, encare a situação desportivamente. Lembre-se que só atinge você aquilo que colocar na sua cabeça, portanto simplesmente não polua a sua mente com as ofensas que ele ou ela estiver proferindo. Assim, você estará descarregando o estopim da bomba e tudo voltará à paz. Diga simplesmente que vocês vão dialogar sobre o assunto, em outra ocasião mais calma e mais proveitosa.

Ter a última palavra não significa vencer e nem significa estar com a verdade.

## SUPERE OS CONFLITOS MATRIMONIAIS E VIVA EM PAZ

O escritor Joseph Murphy disse que "o desconhecimento da mente é a causa de todos os problemas conjugais". Noutra ocasião, ele afirmou: "Os atritos entre marido e esposa podem ser resolvidos se ambos utilizarem corretamente a lei da mente".

Experimente fazer agora mesmo um inventário dos seus problemas conjugais. Sem dúvida, terá que alinhar uma série de ressentimentos, de raivas, de mal-entendidos, de ciúmes e de desaforos.

São inúmeras as pessoas que botam as mãos na cabeça e exclamam: "Não é possível! Como pode isso acontecer? Eu queria tanto que o nosso casamento desse certo e está dando tudo errado".

O primeiro equívoco que, na melhor das intenções, os casais costumam incorrer, é enfocar o ajustamento conjugal pelo lado da correção dos erros, das diferenças e das falhas. Este sistema é cansativo, atritante, desagradável e chato. E quando um tem falhas – o que é absolutamente normal – faz, bastas vezes, com que também ele procure falhas no outro e as engrosse ao máximo a fim de ficar com crédito para a próxima rixa.

Assim não vai. Assim não tem graça.

Claro que existem dificuldades e problemas. Mas, ponha-os no devido lugar e eles diminuirão de tamanho e de importância.

Veja o que escreveu Célia Luce: "Uma pequena dificuldade é tal qual um seixo (pedrinha). Segure-o bem perto do olho e ele cobrirá o mundo todo, pondo tudo fora de foco. Segure-o a uma distância apropriada para a visão e ele poderá ser examinado, bem como devidamente classificado. Atire-o aos pés e ele poderá ser visto em seu ambiente natural: apenas uma minúscula saliência no caminho para a eternidade".

De agora em diante mude completamente o seu modo de viver o casamento.

Ao invés de só ver as sombras e tentar eliminá-las, procure a parte iluminada do outro e torne-a mais iluminada ainda. À medida que as luzes ganharem mais força e dimensão, gradativamente desaparecerão as trevas.

Acertem a vida pelo lado positivo, e o amor e a boa convivência melhorarão sempre mais.

Procure cada um descobrir e valorizar o lado bom e as qualidades do outro e assim todo encontro e toda a conversa entre ambos se torna fonte permanente de prazer.

Quando qualquer dos dois conseguir uma vitória, em qualquer campo, por pequena que seja, que o outro a enxergue, fique contente e traduza a sua alegria em sinceros elogios.

Nada mais saudável na vida conjugal do que o esforço de ambos no sentido de atear sempre mais fogo ao amor. Concorrem muito para isso o elogio, a admiração, o apoio nas horas difíceis, o perdão aberto e tranquilo nas horas de fraquejamento. Eis aí o que você deve cultivar. Sempre. Sempre. Se quiser que o seu casamento dure quinhentos anos.

## NAS INDECISÕES, APELE PARA A SABEDORIA INFINITA

Quando você estiver perplexo, confuso e contrariado, sem vislumbrar solução para uma situação que considera grave, consulte a Sabedoria Infinita, que habita o seu íntimo, (ou seu guia e conselheiro interior), pois ela pode dar-lhe a resposta correta ao seu problema. A Inteligência Infinita sabe o passado, o presente e o futuro, por isso não vai errar quando lhe inspira a resposta. Será conduzido ao lugar certo, na hora certa, com as decisões certas.

Essa voz você a ouvirá quando estiver calmo, em meditação, relaxado e confiante.

Também, poderá ouvi-la num lampejo de intuição ou através de um acontecimento. E não terá dúvidas.

À noite, seja o seu último pensamento o pedido de uma resposta clara e precisa. Adormeça embalado nesse pensamento. Seu pedido será atendido.

"E tudo o que pedirdes, com fé, em estado de oração, alcançareis". Como há um Poder Infinito em você, que tudo soluciona e que o conduz divinamente para que lhe aconteça sempre o melhor, não há porque ficar remoendo dúvidas e desconfianças. Tudo está dando certo.

Diga, em estado de calma, e com sentimento sincero:

"A paz, o amor sincero e verdadeiro e a harmonia habitam o nosso casamento. Somos guiados divinamente e todos os acontecimentos nos unem cada vez mais e mais. Nada e nem ninguém pode perturbar-nos. Envolvo o nosso casamento num círculo de amor divino e somos cada vez mais unidos e felizes. Nada de mal romperá esse círculo e todos os sentimentos de amor e de concórdia, irradiados no mundo, iluminam cada vez mais o nosso círculo de amor conjugal. Eu peço perdão assim como perdoo a você; e estamos em paz.

O nosso casamento agora está entrando numa fase de ouro. Somente eu habito o seu coração, somente você habita o meu coração e agora somos sinceros, leais, cordiais, amáveis, ternos e cheios de boa vontade um para com o outro. Eu confio em você; você confia em mim. Existe em nós compreensão, liberdade, amor e respeito mútuo. Assim é e assim será".

## QUEM MANDA NA SUA CASA

Você ouviu falar muitas vezes que quem manda em casa é o marido. Mas você aprendeu, também, que tanto o homem quanto a mulher foram criados à imagem de Deus, que ambos são filhos de Deus, que pertencem à mesma estirpe divina, que são dotados de inteligência, de discernimento, de sabedoria, de intuição, de dons naturais e sobrenaturais, sensoriais e extrassensoriais. Ouviu falar, outrossim, que ambos são dotados de corpo e espírito, que têm a mesma dignidade, os mesmos direitos e as mesmas obrigações.

Então, por que haverá um que manda e outro que obedece, quando o casamento é feito em absoluto estado de igualdade?

Certo dia, eu estava ouvindo um sermão no Dia dos Pais e o pregador assinalava que o marido e a mulher devem dialogar muito e acertar todas as divergências através do diálogo; porém, quando não chegarem a um acordo, a última palavra é do marido.

No final da liturgia, quando estávamos a sós, falei para aquele sacerdote que eu tinha um ponto de vista completamente diferente do dele no que se referia a quem mandava em casa. Eu entendia que não estava correto e nem era justo determinar arbitrariamente que a última palavra pertence ao marido.

"Claro – apressou-se ele a frisar bem – que devem dialogar e encontrar juntos a solução; mas, se não entrarem em acordo, alguém deve ter a última palavra de decisão e há de ser ele".

"Pois eu entendo – respondi-lhe – que se não chegarem a um acordo, não é correto que simplesmente ele ou ela tenha a última palavra pelo fato de que alguém deve ter a última palavra. A última palavra, nesses casos, não pertence nem a ele e nem a ela. Pertence a um terceiro personagem: a Verdade. A última palavra é somente da Verdade. Ambos, marido e mulher, devem buscar a Verdade. Se não chegarem a uma conclusão comum é porque a Verdade não ficou clara. Continuem buscando, pesquisando, solicitando informação dos que têm conhecimento sobre o assunto, até que um ou outro, ou ambos, encontrem a Verdade. Uma vez achada, ambos seguirão por ela sem haver vencido e nem vencedor. Não há um que manda e outro que obedece, não há um que tem poder discriminatório e outro que deve baixar a cabeça e dizer amém. Aliás, o critério de que, não havendo acordo, o marido terá a última palavra, poderá criar o vício de que ele nunca entre em acordo para poder ditar as regras do jogo. Além de cheirar a machismo.

Há uma Sabedoria Infinita, no íntimo de ambos, capaz de elucidar e aclarar todos os caminhos. É a união que faz a força. Todo o reino unido supera qualquer adversidade. Respeite a grandeza divina que existe no seu companheiro; respeite a grandeza divina que existe na sua companheira. Este é o caminho que torna o casamento uma aventura alegre, agradável, fascinante e bem-sucedida".

## A HARMONIA SEXUAL

Talvez você seja dessas pessoas que, só de ler a palavra sexo, ficam tomadas de rubor e passam a falar baixinho e misteriosamente, porque no seu subconsciente sexo é coisa suja, feia, com sabor de pecado.

Quem inventou o sexo foi Deus e tudo o que Deus cria é essencialmente bom. Aqui, agora, ontem, hoje, amanhã e sempre. Essencialmente bom. Somente Deus poderia criar essa sinfonia de delícias, tocada harmoniosamente pela orquestra do corpo, da mente e do coração.

Fazer sexo é tão digno como rezar o Pai Nosso, pois ambos foram criados por Deus.

Quando você pensa em sexo, quando começa a sentir um prazer extasiante e delicioso em você, lembre-se de dizer: "Muito obrigado, meu Deus". O sexo é um presente de valor infinito. É a perpetuação do paraíso aqui na terra, é a manifestação do carinho de Deus para com você. Sinta prazer até às raias mais íntimas e profundas das suas fibras e mergulhe o seu ser na Divindade que encheu sua vida de tantas delícias incomensuráveis.

Mas, apesar disso, há muita frustração no relacionamento sexual conjugal. É necessário que ambos percorram juntos a relação. Isto será possível se houver sintonia, sensibilidade e ajustamento no tempo necessário para que a orquestra funcione harmoniosamente e não apenas um instrumento. Cumplicidade significa percorrerem juntos a via prazerosa.

## SEU FILHINHO VAI NASCER

- E, atenção, agora vocês vão descer até a idade de um mês, dentro do útero materno. Pronto?
- Pronto.

Cada um dos jovens que faziam parte do grupo que estava sendo levado à regressão de idade, viu-se, de repente, na idade de um mês de gestação. Todos eles mantinham a personalidade atual e com esta personalidade é que manifestavam o que o subconsciente havia registrado e arquivado neste período da existência.

Uma jovem do grupo, ao falar, em estado hipnótico, do que estava acontecendo nesta idade, disse: "O pai está falando para a mamãe, dizendo que está na hora de encomendar um nenê e ele nem sabe que eu já estou aqui".

Outra moça revelou que a primeira pessoa com a qual a mãe falou de que estava grávida foi para o pai.

Uma menina citou todos os tipos de comida que a mãe preferia nesse estágio da gravidez. Por coincidência, essa jovem gostava dessas mesmas comidas.

O grupo, que estava em estado de concentração profundíssima, foi sendo conduzido ao longo dos diversos meses de gestação até a hora do nascimento e todos lembravam o que aconteceu na hora do nascimento, inclusive do tapinha que levaram e que não gostaram.

Muitos pais nunca ouviram falar de que tudo o que acontece com eles, durante a gravidez do filho, também diz respeito à criança que está se desenvolvendo no útero materno. Mas, esta descoberta é um belíssimo motivo para os dois curtirem, na alegria, na paz e no amor, o desenvolvimento de um filhinho que não pediu para nascer, mas que quer nascer sob o influxo do amor e do carinho.

Por favor, pais, não briguem, não se ameacem, não criem situações dramáticas, porque o filhinho está gravando tudo na mente.

Respeitem este pequenino ser, sangue do sangue de vocês, e deem a ele muito carinho, muito afeto e mensagens de boas-vindas. Irradiem para ele segurança e saúde. Digam que está sendo esperado com todo o entusiasmo; digam que é muito querido da mamãe e do papai; digam que Deus o está guiando e que está se desenvolvendo em perfeita saúde; digam que nascerá no tempo certo, saudável, abençoado, forte e perfeito. Joguem fora definitivamente todos os seus medos, ansiedades, neuroses e perturbações.

Todos os dias irradiem para ele a mensagem acima.

E tenham absoluta certeza de que o filhinho nascerá sadio e o parto correrá normalmente.

## PROGRAME SEU FILHO
## PARA TER SUCESSO NA VIDA

Há dias, uma amiga me contou que assistiu a um curso em que o professor atribuía a conduta do adulto à infância. Segundo aquele professor, todo o comportamento do adulto seria consequência da infância. Entendo que é exagero chegar-se a esta única e definitiva conclusão, porquanto a vida de uma pessoa é o período de gestação, a infância e mais as experiências de cada dia.

Mas, há um ponto que desejo salientar: uma das formas mais fortes para sensibilizar o subconsciente é a sugestão, e o subconsciente do bebê está totalmente aberto às sugestões da mãe. A mãe recebe o filhinho como um computador em branco e, desde logo, se põe a programar na mente do pequeno, através de seus pensamentos, emoções, reações, palavras e ações.

Se você é mãe, pense que pode programar seu filhinho para ser um anjo ou um desajustado, uma pessoa saudável ou doentia, uma mente equilibrada ou perturbada, uma pessoa corajosa ou cheia de medos, um vencedor ou um derrotado. Você tem o poder de programação na mão. Use-o positiva e construtivamente.

Como o bebê não tem capacidade de análise e de raciocínio, fica inteiramente à mercê dos pais, principalmente da mãe.

O que os pais dizem e sugerem, com força, emoção e repetição, fica gravado na mente infantil e vai atuar na vida da criança.

Se você vive dizendo para o seu filhinho, quando já na escola, que ele é um burrinho de marca maior, não queira supor que o subconsciente do seu filhinho vá registrar que ele é inteligente.

A partir deste princípio, quando se vê uma criança-problema, não é o caso de começar a tratar os pais?

## EVITE AS AFIRMAÇÕES NEGATIVAS

Existem três tipos de sugestões que comumente são usadas pelas mães: as de tipo psicológico, as de ordem religiosa e as relacionadas com a saúde.

O primeiro grupo é de ordem psicológica e eis algumas sugestões negativas:

- Cuidado, não vá prá rua porque será atropelado; não fique no escuro porque é muito perigoso; pare de fazer xixi na cama senão nunca será gente; vá pro inferno, moleque desgraçado; saia daqui, seu chato de marca maior; não entre na água senão você vai se afogar; seus irmãos são muito mais inteligentes do que você; olha, se você não para de chorar vou dá-lo para o primeiro velho que aparecer; diabinho danado, você não presta pra nada; quem mente espicha as orelhas; quem usa a chupeta entorta a boca e nunca crescerá; você nunca será nada na vida; cala a boca, porcaria; cuidado com as pessoas porque elas não prestam; se você não estudar vai ser esmoleiro, tá? Há outros impropérios atuais que você pode relembrar aqui.

Basta analisar só um pouquinho o significado real de cada afirmação e perceberá que elas produzem medos, timidez, ciúmes, insegurança, senso de inutilidade, ódio, recalque, atraso mental, desequilíbrio emocional, distúrbios psicossomáticos, e até mesmo princípios de delinquência.

Veja como você pode sugerir positivamente, nas mesmas circunstâncias, ao seu filhinho em idade escolar:

- Olha, anda sempre pela calçada; quando alguém bate

à porta, chama a mamãe, viu?; o claro e o escuro são a mesma coisa; o dia e a noite foram feitos por Deus e são agradáveis, só que de noite você precisa acender a luz para poder enxergar e saber onde está e o que há no lugar; meus parabéns, você já está ficando gente grande: hoje não fez xixi na cama, muito bem, garanto que amanhã também você vai levantar para ir fazer xixi no banheiro; filhinho, hoje não deu certo mas amanhã vai dar; Vai brincar e pular agora lá no pátio que o papai precisa ler; filhinho, papai e mamãe gostam muito de ficar com você, mas agora eles precisam conversar: vai brincar aí no quartinho e depois me conta o que é que fez; sei que você é muito inteligente, continue que você consegue tudo; quando você está brincando, não gosta que alguém se intrometa, não é mesmo? Então, quando a professora está falando, preste atenção e não se intrometa também; que joia, você não está de chupeta, como está bonito agora; a vida é muito bacana, sabe? com boa vontade você vai conseguir; olha, respeite as pessoas, porque elas gostam muito de você; filhinho, veja só que notas boas está tirando, você é muito inteligente...... Eis aí algumas sugestões positivas. Invente outras, de acordo com a necessidade. Transmita-as com vigor e sentimento e elas farão efeito permanente. O que eu quero dizer é que devem os pais usar sempre linguagem positiva na educação do filho.

O segundo grupo de sugestões se refere à religião. Veja algumas das afirmações negativas mais comuns:
- Olha, assim Deus vai castigar você; Deus não gosta de criança mentirosa; Olha que Deus está te cuidando e vai te castigar; Se você fizer isso Papai do Céu vai ficar chorando; quem não vai à missa vira bandido; se você não reza, o diabinho vem de noite lhe pegar pelas pernas; quem faz pecado, vai pro inferno; menino malcomportado não vai pro céu; não vai fazer molecagens porque o Papai do Céu está vigiando você; quem faz artes, Deus castiga. Há outras sugestões negativas sobre Deus que os pais podem lembrar aqui.

Incutindo as ideias acima, você fará com que seu filhinho veja em Deus a imagem de um policial, de um patrão rigoroso, de um guarda severo, e então terá dificuldade em associar a este mesmo Deus o conceito de Pai, de Amor, de Bondade, de Amigo, de Perdão, de Misericórdia.

Grave no seu filhinho somente imagens positivas referentes a Deus e à religião:

- Papai do Céu gosta muito de você; Papai do Céu quis que você nascesse para ser feliz, cheio de saúde e inteligência; Procure melhorar, Deus vai ajudar você; rezar é o mesmo que conversar com Deus; tudo o que você precisa, peça ao Papai do Céu e ele dará a você; Papai do Céu ama todas as crianças; Deus está juntinho de você, para proteger você; sempre que você precisar de alguma coisa, pense no Papai do Céu, ele é seu amigo e vai ajudá-lo. Deus sempre perdoa você, ele é muito bom; você não vai à missa para fazer sacrifício, vai para rezar, cantar, falar com Deus junto com as outras pessoas.

O terceiro tipo de sugestões negativas se refere à saúde:

- Não molha os pés na chuva, que vai se gripar e ficar doente; não molha a cabeça na chuva, que fica doente e com febre; não coma melancia com uva, que faz mal; não corra depois do almoço, que faz mal; não beba leite com fruta, que faz mal; e assim por diante. Uma observação gramatical: as frases foram colocadas como são proferidas pelos pais, por isso as mudanças do verbo na segunda e terceira pessoa.

Programe a criança para a saúde; fortaleça a saúde; revigore-a física e mentalmente. Faça-a sentir-se bem-disposta e alegre, dinâmica e saudável.

Gere energias físicas e mentais em seu filho, dizendo-lhe: "Meu filho, você é saudável, pode se alimentar de tudo, que tudo faz bem; a chuva é saudável, mas é bom se proteger; andar no molhado não prejudica a saúde; você é forte; você é sadio; as frutas são benéficas para a saúde; seu corpo é perfeito e todo alimento sadio faz bem; você é tão forte que não pega gripe de jeito nenhum; quando você sente dor, basta rezar um Pai Nosso, que logo passa".

Lembre-se que seu filho desenvolverá as resistências e energias que plantar nele.

# CAPÍTULO V

# SEUS PODERES EXTRASSENSORIAIS

*A sua mente é infinita
e pode percorrer
todos os recantos do universo.*

*O* uso da mente está ainda numa faixa muito limitada e artesanal. Poucas são as pessoas que se interessam em aprimorar as capacidades internas, vivendo apenas de minúscula porcentagem da mente.

Você já viu muitas pessoas dotadas, que fazem clarividência, que predizem o que vai acontecer, que entram em contato telepático com outra pessoa, que pressentem que algo está por acontecer, que sonham coisas que depois se verificam, que descobrem onde se encontra um objeto através da concentração, assim por diante.

Existem pessoas, assim dotadas, em todos os níveis sociais e culturais, entre lavadeiras, motoristas, empregados, industriais, religiosos, professores, crianças, adolescentes, pobres, ricos.

Infelizmente, muitos tratam de sufocar esta capacidade extra para não serem tachados de birutas ou para não serem ridicularizados, ou, ainda, para não serem vistos como animais raros.

Todo o dom que uma pessoa tem, sempre é algo de bom e útil e pode servir em benefício próprio e em benefício da humanidade.

## VOCÊ TAMBÉM É DOTADO

Se os seus dons extrassensoriais não afloram, como em muitas pessoas, não significa que não tenha essa capacidade. Ela pertence a todo ser humano. A sua mente tem dimensão infinita e pode percorrer todos os recantos do universo. Por outras palavras, a sua mente é o próprio universo.

Embora você não tenha percebido os lampejos extrassensoriais que já aconteceram na sua vida, ou os tenha sufocado, você pode, a qualquer momento, começar a aguçar esta sensibilidade e servir-se dela para tornar a sua vida mais alegre e mais agradável.

Quantas vezes o telefone tocou, e você, num lampejo, imaginou que era determinada pessoa, e era; quantas vezes estava pensando em alguém, e ele surgiu diante de você; quantas vezes teve certeza de que algo ia dar certo, e deu; quantas vezes sonhou com algo, e aconteceu; quantas veze imaginou que algo ia acontecer, e sucedeu.

O que é tudo isso?

Capacidade extrassensorial.

Há poucos dias, fiquei trabalhando no meu gabinete até tarde e, quando fui procurar a chave do carro para ir embora, não a encontrei. Procurei-a por todos os lados, e nada. Pensei que a minha secretária poderia tê-la colocado em algum canto, ao efetuar a limpeza da escrivaninha, enquanto eu fora fazer um programa de rádio. Estava disposto a ir até a casa da funcionária, quando me ocorreu uma ideia: antes de ir à casa dela, por que não procurar a chave através do poder mental?

Deitei no sofá, concentrei-me, entrei em nível alfa, e disse para mim mesmo: "Minha mente sabe onde se encontra a chave e vai me revelar onde ela está. O meu subconsciente sabe onde está a chave e vai me revelar. Muito obrigado".

Desliguei-me, em seguida, do problema e deixei-me ficar numa espécie de modorra, quando, de repente, vi, na minha tela mental, a secretária apanhando a chave que se encontrava sobre a escrivaninha. Não tive dúvidas, de um salto saí e fui até a casa da jovem. Ela me respondeu tranquilamente que não tinha pegado a chave, que não vira a chave e que quando limpara a escrivaninha não havia chave nenhuma. Eu estava um tanto sem jeito.

- Mas, quem sabe você possa ter pegado a chave por engano?
- Por que eu havia de pegar? Olha, as únicas chaves que eu tenho são estas.

E me mostrou as chaves das portas do gabinete.

- Mas, e se, por acaso, sem perceber, você a pegasse e colocasse na carteira ou na bolsa?
- Bom, isso é impossível, mas, em todo o caso, vou olhar na carteira.

Foi olhar e trouxe a chave que, sem saber como, havia colocado dentro da carteira.

No outro dia, uma senhora me contou como conseguira encontrar os brincos doirados que dera de presente para uma netinha e que tinham desaparecido.

Certa noite, uma senhora estava assistindo a uma sessão de cura, que eu realizava semanalmente, e durante o relaxamento ela viu seus dois filhos, sendo que um estava sério e triste e o outro muito alegre. Teve uma sensação de morte e tratou de sair do relaxamento para apagar esta sensação. Quando voltou a concentrar-se, viu a imagem do marido, já falecido, com as mãos nos ombros daquele filho sério e sentiu que algo estranho devia estar acontecendo. Ao chegar em casa, teve a informação de que, momentos antes, precisamente quando estava na sessão de cura, seu filho havia morrido acidentado.

## VOCÊ PODE EVITAR ACIDENTES

Sei de muitas pessoas sensitivas que detestam esse poder, porque sempre lhes revela coisas ruins, como mortes e doenças.

Acontece que você pode usar esse poder apenas para eventos benéficos. Ao invés de se deixar levar pelos rasgos espontâneos de intuição, crie as condições para que seu subconsciente revele a você as coisas boas da vida.

Mesmo quando tomar conhecimento de coisas ruins, como acidentes e mortes, se ainda não aconteceram você pode realizar um trabalho maravilhoso. Pode ser uma espécie de salva-vidas:

ter a missão de ajudar as pessoas a evitarem danos para si. Isso é digno dos maiores elogios.

Você aprendeu que não existe fatalismo e que toda a situação não acontecida pode ser modificada. Você, ao ser informado antes, pode irradiar, através do pensamento, ou da oração, mensagens vigorosas para que a pessoa evite aquela situação e a transforme numa outra situação de saúde e de paz. Avise, verbalmente ou através do seu pensamento, induzindo essa pessoa a estar em outro lugar, fazendo uma outra coisa, e vivendo um momento de muita saúde e alegria.

Ao invés de se apavorar, como se fosse uma ave de mau agouro, agora você se sente feliz com a sua missão fantástica e benemérita de salva-vidas. Isto é maravilhoso.

### E JESUS LIA OS PENSAMENTOS DOS PRESENTES

O poder ilimitado da mente do Mestre Jesus era sempre usado por Ele nas mais diversas situações do dia a dia.

Certa vez, quando lhe apresentaram um paralítico para que o curasse, disse o Nazareno ao doente:

- Tem confiança, meu filho, os teus pecados te são perdoados.

Algumas pessoas que estavam presentes, ouvindo essas palavras, começaram a pensar que Jesus estava blasfemando, pois só Deus podia perdoar pecados.

E diz o evangelho de Mateus: "Jesus, porém, que lhes conhecia os pensamentos..."(Mt. 9,4)

### JESUS PREDIZIA O FUTURO

Disseram a Jesus alguns dos escribas e fariseus: "Mestre, quiséramos ver um sinal da tua parte".

Ao que, Ele respondeu: "Essa raça má e adúltera pede um sinal; mas não lhe será dado outro sinal senão o sinal do profeta Jonas; pois do mesmo modo que Jonas esteve três dias e três noites nas entranhas do monstro marinho, assim há de também o

Filho do homem estar três dias e três noites no seio da terra". (Mt. 12.38-40). Esta profecia se realizou, pois Jesus esteve enterrado três dias, após os quais ressuscitou. Noutra ocasião, ele predisse novamente a sua morte: "O Filho do homem vai ser entregue às mãos dos homens; hão de matá-lo; no terceiro dia, porém, ressurgirá". (Mt.17,22)

"Em verdade, vos digo que um de vós me há de entregar!" Essa profecia Jesus a fez estando à mesa com seus discípulos, pouco antes de Judas sair para traí-lo, entregando-o aos que queriam prendê-lo.

Certo dia, vendo a cidade de Jerusalém diante de seus olhos, chorou sobre ela e disse, entre outras coisas: "Virão dias sobre ti em que teus inimigos te cercarão de trincheiras, te hão de assediar e apertar por todos os lados; derribar-te-ão por terra, a ti e a teus filhos que em ti estão, e não deixarão em ti pedra sobre pedra". (Lc.19,41-44)

De fato, setenta anos depois, o general Tito, enviado pelo Imperador Vespasiano, cercou Jerusalém por todos os lados e, após muita desolação e falta de alimentos entre os judeus, os soldados romanos entraram na cidade e a destruíram, inclusive o templo, que o próprio Tito havia pedido para ser preservado.

Uma ocasião, Jesus percorria a Samaria e chegou a Sicar, sentando-se junto ao poço de Jacó. Apareceu uma samaritana que veio tirar água do poço e o Cristo pediu de beber, entabulando, então, um diálogo com a mulher. Pelas tantas, disse o Mestre:

- Vai chamar teu marido e volta cá.
- Não tenho marido – respondeu a mulher.
- Disseste bem: Não tenho marido. Cinco maridos tiveste, e o que agora tens não é teu marido. Nisto falaste a verdade.
- Senhor – exclamou a mulher – vejo que és um profeta. (João 4,7 ss)

## VISÕES E APARIÇÕES

As visões podem ser uma das formas pelas quais a Sabedoria Infinita oferece informações importantes.

No livro "Atos dos Apóstolos", consta o seguinte relato:
"Vivia em Cesareia um homem por nome Cornélio, comandante do destacamento chamado itálico. Era religioso e temente a Deus com toda a sua família; fazia muitas esmolas e orava a Deus assiduamente. Certo dia, pelas três horas da tarde, contemplou claramente, em visão, um anjo de Deus que se lhe apresentava, dizendo: "Cornélio!" Ele, fitando-o ansioso, perguntou: "Que há, Senhor?"

Respondeu-lhe aquele: "As tuas orações e esmolas subiram à presença de Deus e Ele as atendeu. Envia agora homens a Jope e manda vir cá um tal Simão, por sobrenome Pedro; está hospedado em casa de um curtidor Simão, que mora à beira-mar. Ele te dirá o que deves fazer". E desapareceu o anjo que lhe falara.

Mandou Cornélio vir dois dos seus servos e um soldado, explicou-lhes tudo e os enviou a Jope.

No dia seguinte, quando eles seguiam caminho e se aproximavam da cidade, subiu Pedro ao terraço da casa para orar. Era pelo meio-dia. Estava com fome e desejava comer. Enquanto lhe preparavam alguma coisa, sobreveio-lhe um êxtase. Viu o céu aberto e descendo uma espécie de vaso, semelhante a um grande lençol, que, suspenso pelas quatro extremidades, vinha baixando à terra. Continha toda a casta de animais quadrúpedes, répteis da terra e aves do céu. E uma voz lhe dizia: "Eia, Pedro, mata e come".

"De modo nenhum, Senhor – respondeu Pedro – porque jamais comi coisa profana e impura".

Tornou a voz a falar-lhe, dizendo: "Não chames impuro o que Deus declarou puro".

Repetiu-se isso três vezes. Depois, foi o vaso prontamente recolhido ao céu.

Enquanto Pedro refletia, incerto, consigo mesmo sobre o que significava a visão que se lhe descortinara, eis que os mensageiros mandados por Cornélio já tinham acertado com a casa de Simão e estavam à porta, e, em altas vozes, perguntavam se aí estava hospedado um tal Simão por sobrenome Pedro. Ainda estava Pedro meditando sobre a visão, quando o espírito lhe disse:

"Eis que aí estão três homens à tua procura. Levanta-te e desce, e vai ter com eles sem hesitação; porque fui eu que os enviei".

Desceu, pois, Pedro, foi ter com os homens e disse: "Sou eu a quem procurais; que vos traz aqui?"

Responderam eles: "O comandante Cornélio, homem reto e temente a Deus, credor de grande prestígio em toda a nação judaica, teve ordem de um santo anjo para te chamar à sua casa a fim de receber instruções tuas".

Mandou-os Pedro entrar e os hospedou. (Atos 10,1 ss)

Aí está uma história relacionada com visões, nas quais tudo fora anunciado com detalhes, inclusive nome de cidade e de pessoas.

A visão, assim como os sonhos, são formas pelas quais o subconsciente pode revelar-lhe algo.

No universo espiritual do cristianismo têm acontecido muitas visões e aparições. Sabe qual é a diferença entre visão e aparição? Na visão, apenas o vidente enxerga o fato, ninguém mais. A credibilidade é depositada na palavra do vidente. A multidão pode estar presente, mas nada vê e nada ouve. No caso de aparição, não só o vidente é agraciado com a visão, mas todas as pessoas que estão junto dele.

## NOSTRADAMUS E SUAS PROFECIAS

O mais famoso adivinho de todos os tempos foi Michel de Nostradamus. Nasceu na França, em Saint Remy, em 1503, e morreu em Salon, em 1566. Cursou medicina. Na sua família houve vários médicos de renome. Seu avô ensinou-lhe grego, latim, hebraico, matemática, astrologia e astronomia. Em 1530, ele encontrou, entre os estudantes de medicina de Montpellier, Rabelais que, entendido em ciências ocultas, iniciou-o nos segredos dessa misteriosa corrente do pensamento: a cabala.

Inicialmente, foi exercer medicina em Agen, onde casou e teve dois filhos. Em pouco tempo, perdeu a esposa e os filhos; então, para apagar os sofrimentos, empreendeu uma longa viagem, que durou dez anos.

Em 1544, casou novamente com uma jovem muito rica e fixou residência em Salon.

Com o surto de uma nova epidemia, em Aix e Lyon, destacou-se por sua dedicação e coragem. Inventou um remédio que teve muito êxito no combate ao mal.

A inveja e os ataques dos colegas o obrigaram a refugiar-se outra vez em Salon e aí escreveu algumas obras de medicina. Foi nessa época que acreditou ter descoberto o seu dom de adivinhar o futuro e começou a escrever o seu célebre Almanaque.

Em 1555, publicou as famosas Centúrias. Eram inicialmente em número de sete, cada uma contendo cem quadras. Apesar do estilo ultraobscuro, as centúrias fizeram sucesso popular.

Em carta de quatro de março de 1557, dirigida a Henrique II, Nostradamus explica porque obscureceu os fatos e dificultou a compreensão das datas dos acontecimentos: "Por temer injúrias, quis guardar os acontecimentos não só os do tempo atual, mas também os do futuro, porque os reinos, as classes e as religiões serão de tal modo subvertidos e radicalmente diferentes do que são hoje que, se eu revelar o futuro, o acharão tão diferente do que gostariam de ouvir, que condenariam essas profecias, as quais, no entanto, serão cumpridas nos séculos futuros".

Em 1556 acrescentou mais três centúrias à nova edição da sua obra.

O estilo sibilino e obscuro permite variadas interpretações. Veja aqui o texto que foi encarado como profecia da primeira guerra mundial:

"A noite estará em chamas sob o fragor dos combates aéreos. Todos os flagelos da guerra serão desencadeados; no céu haverá largos rastros de fogo".

Este outro texto seria aplicado à segunda guerra mundial:

"No carro blindado irá o chefe e as forças aéreas estenderão sua ação com bombardeamentos súbitos".

Veja esta quadra que, segundo alguns, seria a previsão da bomba atômica:

"No Sol Nascente (Japão) ver-se-á um grande fogo, cujo ruído e claridade alcançarão o Norte. No círculo da explosão, subirão gritos e reinará a morte".

Nostradamus predisse a morte de Henrique II, em todos os detalhes, pelo Conde de Montgomery, fato que efetivamente aconteceu quatro anos depois. Esta precognição consolidou a sua fama.

Contam que, na Itália, ao passar por um grupo de frades franciscanos, Nostradamus ajoelhou-se diante de um deles e disse:

- Presto homenagem ao futuro papa.

Todos o julgaram maluco, mas o frade, que se chamava Felice Peretti, sessenta anos depois veio a ser o Papa Xisto V.

Embora tenha recebido em sua casa a visita de Manoel de Saboya, da princesa Margarida e de Carlos IX, que até o nomeou seu médico particular, Nostradamus foi considerado por muitos dos seus compatriotas como impostor e charlatão.

Seu filho Michel, o Moço, também quis seguir o exemplo do pai, mas viu suas predições desmentidas pelos acontecimentos. Morreu tragicamente devido a uma profecia que não deu certo. Anunciou que a cidade de Pouzin, sitiada pelas tropas reais, seria destruída pelas chamas. Como tal não acontecia, resolveu ele mesmo prender fogo à cidade.

Foi preso e morto.

Michel de Nostradamus foi, sem dúvida, um grande vidente. Outros existiram e muitos outros existirão, porque a humanidade sempre se sentiu fascinada pelos mistérios do futuro. Mas as previsões podem tanto acontecer como não acontecer, porque o homem é dotado de liberdade e capacidade de novas opções a qualquer momento.

## CLARIVIDÊNCIA

Pela clarividência, (clari=claro; vidência=ver: ver claro), você vê com os olhos da mente objetos ou pessoas ou situações que estão fora do alcance dos seus olhos. Pode ver de olhos fechados e à longa distância.

Você tem o dom da clarividência. Basta praticar.

Relaxe, respire profundamente algumas vezes, feche os olhos, (ajuda bastante colocar uma música de relax), e comece a contar de cinquenta a um, fixando a sua atenção em cada número que vai mentalizando. Ao chegar no número um, você já está em nível alfa, seu cérebro pulsa num ritmo entre 14 e 9 ciclos por segundo, consequentemente está em nível de clarividência. Para descer a níveis mentais mais profundos, concentre a sua atenção nas diversas partes do corpo, uma de cada vez, a começar pelo pé esquerdo, perna esquerda, joelho esquerdo, coxa esquerda; pé direito, perna direita, joelho direito, coxa direita, quadris, tronco, (órgãos), ombros, braços, mãos, dedos, pescoço, garganta, rosto, pálpebras, testa, cérebro, couro cabeludo. A seguir, deseje sinceramente, com sentimento, ver alguém, ou alguma coisa, ou transportar-se mentalmente para algum lugar. Relaxe. Relaxe mais e mais. Deseje que a pessoa, ou aquilo que pretende ver, apareça na tela da sua mente. Crie. Imagine. No começo será como se estivesse imaginando. À medida que der certo, você adquirirá mais autoconfiança e segurança. Comece a exercitar-se colocando na tela de sua mente uma flor e veja-a sob todos os ângulos, fazendo-a mudar de cor. Depois ponha na sua tela mental uma pessoa. Faça exercícios. Acredite no poder de clarividência que você tem e poderá operar verdadeiras maravilhas.

Através da clarividência você pode ajudar as pessoas a recuperarem a saúde. Por exemplo: Verifique mentalmente o órgão doente e faça uma limpeza, a seu modo; coloque mentalmente sobre a parte afetada um líquido milagroso regenerador e irradie, no órgão, uma luz branco-avermelhada, carregada de energia curadora. Se houver dor nesse local, irradie sobre ele uma intensa luz anestésica de cor azul-escura. O subconsciente da pessoa, que está ligado em linha direta no seu subconsciente, receberá esse influxo e reagirá de acordo. E os benefícios não se farão esperar.

Eu já tenho visto muitos casos de clarividência, em cursos que participei, e posso lhe assegurar que você também tem esse dom. Pratique-o, se achar interessante e útil. Se não conseguir ver as imagens na sua tela mental, poderá, então, sentir a realidade; nesse caso, oriente-se por esta sensação. Talvez, até, você ouça vozes e aí estará agindo pelo canal da clariaudiência.

Conheço uma amiga que não vê a imagem mas ouve, sente e sabe, em determinados casos, o que está pensando a outra pessoa. Ela é médica e por esse método a doença e o estado do paciente surgem à sua mente.

Nunca use o poder da sua mente para alcançar benefícios próprios em prejuízo de outrem. Se assim o fizer, você colherá sofrimentos, pois tudo o que fizer a alguém, estará fazendo a si mesmo. É lei universal, da qual ninguém escapa.

Sempre que deseja obter algo de alguém, mergulhe antes a sua mente na harmonia infinita, na paz infinita, no amor infinito.

## LIGUE O SEU PODER INFINITO

Siga a orientação do apóstolo Tiago: "Se alguém de vós necessita de sabedoria, peça a Deus, que a todos dá liberalmente, e não lança em rosto; e ser-lhe-á dada". (Tiago 1,5)

A sabedoria extrassensorial que busca, você a recebe. Use-a em seu benefício e em benefício dos outros.

É claro que sua vida não tem necessidade de clarividência, ou clariaudiência, ou precognição, para alcançar o que busca. O essencial é saber usar o seu poder interior para atingir qualquer objetivo; e esse poder se usa através da palavra – expressada por qualquer forma – fortalecida pela fé.

Felizmente, o homem de hoje está se dando conta de que o caminho da humanidade atual é o caminho do poder da mente. Aí será encontrada a chave para entrar no paraíso perdido. Você tem dons incríveis e nunca imaginados. Até quando ficarão submersos num mundo desconhecido e inatingido?

Descubra todas as suas forças e capacidades interiores e use-as.

Não deixe desabitada esta terra de Canaã, onde correm leite e mel.

Você está começando uma vida nova.

O primeiro milagre já está acontecendo, aqui e agora, em você. Muitos outros se seguirão.

Que a sua colheita seja abundante e perene e o sorriso da felicidade e do sucesso sempre enfeite os seus lábios.

Agora abençoe a sua intuição - que é a voz da Sabedoria Infinita - por lhe conduzir a essa mensagem e, assim, começar o melhor tempo da sua existência.

FIM

# LAUR

Desde 1975, Lauro Trevisan vem se dedicando ao estudo das potencialidades humanas.

Avançou durante muitos anos nas pesquisas do Poder da Mente, para ver até onde a ciência coincide com a revelação de Jesus. Esses estudos foram alicerçados em seus cursos de filosofia com pós-graduação, teologia, psicologia, psicanálise, jornalismo, exegese, ascese, parapsicologia e outros relacionados com os domínios da consciência, regressão de idade, clarividência, motivação, administração de empresa e relações humanas.

Desse amálgama, foram surgindo seus 105 livros, até 2022, escritos em todos os gêneros literários, sempre exaltando o valor do pensamento positivo e do poder interior como fator número um da autorrealização. Essa vasta literatura lhe valeu a posse da cadeira 14 da Academia Santa-Mariense de Letras e, em 30 de junho de 2011, a cadeira 28 da Academia Rio-Grandense de Letras, de Porto Alegre. Em 4 de dezembro foi recebido na União Brasileira de Escritores.

Em 1980, lançou esse livro que você acabou de ler e que, nesta edição, contém a atualização da nova ortografia e aprofundamento de muitos aspectos desse universo fantástico. Essa obra já foi adquirida por um milhão e quatrocentas mil pessoas no Brasil e editada como best-seller em vários países.

Embora alguns setores religiosos e literatos contestem a fantástica dimensão

# TREVISAN

humana, apontada nessa obra, ninguém jamais conseguiu flagrar um erro nessa mensagem que percorre o mundo há mais de trinta anos. Diminuir a grandeza do ser humano é apequenar o amor do Criador por sua criatura mais importante.

Lauro é também conferencista de renome, tendo palestrado para mais de 500.000 pessoas no Brasil, América do Sul, do Norte, e Europa.

É profundo estudioso de Jesus e sua História, tendo lançado: A História Viva de Jesus - Os Poderes de Jesus Cristo - Jesus Precursor e Anunciador da Nova Era - A Fé Que Remove Montanhas - e, ainda: A Fé Pode Tudo – Mito ou Verdade?

Em 14 de agosto de 2017, Lauro alcança o apogeu da sua trajetória ao lançar *"AUTOBIOGRAFIA Azaleias na Janela"*. *"Minha vida. Meu pensamento. Minhas polêmicas"*. É uma obra de peso, fazendo uma bela varredura da sua vida a partir da década de trinta. Além disso, permeiam sua biografia, análises interessantes e envolventes sobre amor, sexo, idade, morte, sacerdócio, celibato, Igreja, Jesus, religião, felicidade, poder da mente, poder da fé, política, autoridade, verdade, espiritualidade. Mais ainda, são fascinantes suas polêmicas contundentes com seus opositores. Desde logo, *Azaleias na Janela* tornou-se best-seller, atraindo leitores de todas as culturas, tanto pela beleza e encanto da literatura como pelas surpresas espelhadas em cada parágrafo. Ao final, o leitor é brindado com a história fotográfica da sua vida. 400 páginas.

Se deseja entrar em contato com esse autor, enviar depoimento, ou saber algo, use: laurotr@uol.com.br

# ÍNDICE

## CAPÍTULO I
## AS MARAVILHAS DA MENTE

Descubra as maravilhas da sua mente / 11
Se os outros puderam você também pode / 12
O pensamento é o estopim do subconsciente / 13
O semelhante atrai o semelhante / 14
Pense grande, seja grande / 16
Está na hora de conhecer-se a si mesmo / 17
Descubra o caminho da sua felicidade / 19
Você é o resultado da sua mente / 21
Como funciona a sua mente / 21
Faça os seus sonhos tornarem-se realidade / 23
Saiba como alcançar o que deseja / 25
Pensar é poder / 27
A fé é a lei suprema do poder mental / 29
E quando você é atendido ao contrário / 30
O objeto da fé pode ser verdadeiro ou falso / 32
A mulher que morreu no dia predito / 35
Haviam predito a minha morte / 36
Não dê poder a ninguém / 37
Use a força da sugestão para vencer / 38
Todos os dias estou cada vez melhor / 41
Repita, repita, que pega / 42
Tudo o que pedirdes ao Pai, em estado de oração, crendo que haveis de alcançar, alcançareis / 44
Agora ponha o mundo a seus pés / 47
Seja feita a vossa vontade assim na terra como no céu / 47
Assim no cérebro como na mente / 49
Aprenda a entrar em alfa / 51
Como entrar em nível alfa / 54

Estude em nível alfa / 55
Teta é um nível mais profundo / 56
Nível delta é o sono / 56
Use os sonhos para resolver seus problemas / 57
Ela sonhou que devia morrer e já está doente / 59
Não existe fatalismo / 60
Liberte-se do falecido / 61
Quando você levanta com o pé esquerdo / 62
Levante como o pé direito e tenha um ótimo dia / 63
A força irresistível do pensamento negativo / 65
Liberte-se do fantasma dos medos / 68
Medo da pobreza, medo da crítica, das doenças,
 de perder a liberdade, de perder o amor,
medo da velhice, da morte, de assaltos, de cobras e de bichos,
de ser passado para trás, medo de não casar, do fracasso / 68
Como livrar-se dos choques e traumas do passado / 75
Acabe com os problemas e viva tranquilo / 76
Como assegurar um futuro maravilhoso / 78
Crie a idade que quiser e viva-a / 79
Mantenha-se eternamente jovem / 80

## CAPÍTULO II
## MERGULHE NA ABUNDÂNCIA INFINITA

Deus é o primeiro rico / 83
Todas essas riquezas são para você / 83
A riqueza é um estado de espírito / 84
Pare de condenar a riqueza / 85
Por que os bons passam privações e os maus
conseguem tudo que querem? / 86
Você não é pobre porque os ricos são ricos / 88
Liberte-se do espírito de carência / 89
Fixe seu pensamento na riqueza e ela virá sem falta / 90
Como progredir no emprego / 93
Alguns passos para você conseguir riquezas / 95
Métodos que você pode usar com sucesso / 96

O que você dá, retorna / 96
A sabedoria infinita me guia / 97
Eu sou assim porque quero ser assim e me sinto feliz / 99
O sonho que se tornou realidade / 100

## CAPÍTULO III
## COMO USAR O PODER CURADOR QUE HÁ EM VOCÊ

Não castigue o seu corpo / 103
Três passos para a cura / 104
Acalme a mente consciente / 105
A sugestão é uma força incalculável / 105
Há um poder curador dentro de si / 106
As causas das doenças / 107
A fé é a maior força curadora / 108
O milagre é fácil: acredite nele / 109
A cura pela palavra / 110
A cura pela imposição das mãos / 111
Você pode curar. Quem crê, tudo pode / 114
Expulsareis demônios / 116
Há muitas formas de curar / 117
Ajude a curar e não atrapalhe / 118
Curas à distância / 119
A cura por meio de Jesus / 122
Testemunho de uma senhora / 123
Vai em paz, a tua fé te curou / 124
A oração que salvou uma senhora / 127
Acabe com a dor e sorria / 129
Como tirar a dor / 130
Peça auxílio ao seu guia poderoso / 131
Solucione o problema do filhinho
quando ele está dormindo / 132
Supere seus hábitos prejudiciais e doentios / 134
Vença facilmente o hábito de beber / 135
Salve-se do estresse e produza mais, vivendo melhor / 138
Relaxe e sinta a alegria de viver e produzir / 138

## CAPÍTULO IV
## AMOR, CASAMENTO E FAMÍLIA

Amor: a maior força do mundo / 141
Comece amando-se a si mesmo / 142
O amor liberta / 143
Dois poemas de amor / 144
Amor / 144
Para ti que amas / 145
Oração para quem perdeu o seu amor / 146
Como atrair um bom casamento / 149
O filme mental para atrair seu amor / 151
E vocês dois serão um casal adorável / 152
A lei da sintonia é para o bem e para o mal / 153
Permaneça na frequência mental de paz e amor / 155
Supere os conflitos matrimoniais e viva em paz / 156
Nas indecisões, apele para a sabedoria infinita / 157
Quem manda na sua casa / 158
A harmonia sexual / 160
Seu filhinho vai nascer / 161
Programe seu filho para ter sucesso na vida / 162
Evite as afirmações negativas / 163

## CAPÍTULO V
## SEUS PODERES EXTRASSENSORIAIS

Você também é dotado / 166
Você pode evitar acidentes / 168
E Jesus lia os pensamentos dos presentes / 169
Jesus predizia o futuro / 169
Visões e aparições / 170
Nostradamus e suas profecias / 172
Clarividência / 174
Ligue o seu poder infinito / 176